Let me
从 到
严君泽

严君泽 著

广州新华出版发行集团
广州出版社

图书在版编目（CIP）数据

从Letme到严君泽 / 严君泽著. — 广州 : 广州出版社, 2020.11
ISBN 978-7-5462-3121-1

Ⅰ. ①从… Ⅱ. ①严… Ⅲ. ①严君泽一自传 Ⅳ. ①K825.47

中国版本图书馆CIP数据核字（2020）第192442号

从Letme到严君泽

Cong Letme Dao Yan Jun Ze

出版发行　广州出版社
（地址：广州市天河区天润路87号广建大厦9楼、10楼
邮编：510635）
总 策 划　杨　斌
责任编辑　柳宗慧　卢嘉茜　刘　甲
融媒编辑　杨名宇
责任校对　李少芳　黄焕姗　张　芊
装帧设计　广州水石文化发展有限公司　陈健俊　小　南
印　　刷　佛山市华禹彩印有限公司
（地址：佛山市南海区罗村联和工业区西二区三路一号
邮编：528000　电话：0757-88798100）
规　　格　787毫米×1092毫米　16开
印　　张　8
字　　数　120千
版　　次　2020年11月第1版
印　　次　2020年11月第1次
书　　号　ISBN 978-7-5462-3121-1
定　　价　68.00元

序

电竞让全世界年轻人携手共进吧！

每一个时代的年轻人，都有着自身独特的与世界沟通的方式。电子竞技正以其独特的魅力，逐步成为当下年轻人沟通的一种语言，为他们搭建了一个施展才能的舞台。

电子竞技不仅是一项运动，还是一种文化现象，不但有着可创作的各种内涵，也具有一定程度上的引导作用。同时它还能在科技、国防教育等领域以其令人喜闻乐见的形式激发青少年的兴趣。国际奥委会对电子竞技的发展给予指导性的鼓励，希望传统的奥林匹克运动与电子竞技相向而行，相得益彰。电子竞技体育化，传统体育运动电子竞技化和虚拟化，这是新时代奥林匹克运动的一种新的趋势，也是不少人群的新的需求。

我算不上电子竞技业内人士。2018 年的雅加达亚运会，看到像君泽这样的年轻人在激烈的竞争中胜出，为国家争得了荣誉，在冠军领奖台上热泪盈眶时，我感受到了他们的坚毅与国家荣誉感，这使我感到电竞也能有这样的软实力效果。我从他们身上看到了立志与电竞为伴的年轻人的作为，他们也会成为我国一些年轻人的榜样。

未来，电竞与其他事业一样，将成为社会上的一种爱好和职业，也将承担起社会的责任。它具有自身的价值，并推动着全球文化体育交流的传承，为奥林匹克大家庭增添光彩。

现在全世界有越来越多的电子竞技爱好者，我国也是这样。这是数字化时代年轻人的新的兴趣方向。在他们中间，通过电子竞技的健康培育，也会涌现出一些为我们国家经济、科技、文化和体育建设做出贡献的人才。他们也会在国际电子竞技这个大舞台上为国争光。我们期待着，相信我们会为电子竞技健儿们的辉煌感到骄傲。世上无难事，只要肯登攀。希望大家雄心立志，不做出一番大小事业来不停步。做好事的同时也做好人，做好榜样。我推荐大家读一读这位年轻人平凡又不平凡的经历。

GEF国际电子竞技联合会副主席

国际排联终身名誉主席

亚奥理事会终身名誉副主席

魏纪中

目 录

Letme 退役视频

I

Letme

01

01

每个人都曾遇上一个叫作青春的故事

不知不觉，《英雄联盟》创造的“召唤师峡谷”，从首次出现到现在，已经过去了整整十年。曾经，有的人兴高采烈地前来，后来却又万般无奈地离开；有的人曾豪情万丈地加入，如今仍在苦苦守护着缥缈的梦想；有的人曾不知疲倦地欢呼呐喊，现在却只能偶尔唏嘘缅怀。原来这十年间，中国有无数的玩家，曾在这个充满魔法与能量的大地，敲下了一个个叫作青春的故事。

UNIVERSAL STUDIOS
SCENE
TAKE
ROLL
DATE
SOUND
PROD.CO
DIRECTOR

•严君泽宣传照

我不知道应该如何去定义青春

也许每个人的青春都无法定义

在我看来，青春无非就是一帮志同道合的朋友，很认真地反复做着自己后悔，别人看来又犯傻的事。当年沉迷《英雄联盟》的我们，现在倒带回看，是多么的义无反顾，多么的青春无悔。过了青春岁月，大多数人为了生存，在外拼搏劳碌，也各自成家立业，游戏由娱乐变成了惦记。我们曾为操作英雄打出炫酷局面而沾沾自喜，想不到岁月蹉跎，我们现在也能直起腰杆，成为各自家庭的那个“英雄”。

关于什么叫作电子竞技（简称“电竞”），相信每个人的心中都有不同的答案。当然也会有人质疑：“电竞也算体育？”其实“算不算”这个事情早已有了说法，也不需要再去争论。早在 2003 年 11 月 18 日，国家体育总局就已正式批准，将电竞列为第 99 个正式体育竞赛项目。只不过从电竞诞生的那一刻开始，就抹不去那极富争议的“原罪”烙印，它注定只能是在被狂热追捧和被疯狂质疑的喧嚣中度过那艰难的青葱岁月。

必须承认，电竞的载体是电子游戏，也就是传统体育比赛中所说的场地、器材。但电竞并不等于网络游戏，只有达到人与人之间极限对抗的竞

•严君泽宣传照

技层面的游戏，才能算是电竞。电竞具备传统体育运动的许多要素：对抗、竞争、全神贯注的投入和令人血脉偾张的关键时刻。甚至可以说，得力于虚拟空间的营造，电竞的对抗比传统体育更为激烈，对参与者的思维能力、反应能力、四肢协调能力和意志力同样有着极高的要求。

电竞是游戏，又不只是游戏。正如一部关于电竞的纪录片开头所说，“电竞是我们这一代人被理解和被误解的青春”。之所以会被误解，很重要的原因在于上一代人的不理解。在不少人看来，我们是被游戏耽误的一代。当然，我们必须承认他们的说法有合理的地方，确实有不少年轻人得不到正确的引导而沉迷其中，无法自拔。但你不能否认，游戏已成为当代人一个非常重要的娱乐方式，甚至成为他们很重要的社交手段。这就像当年电影、电视等出现时，很多保守的人也会将之视为“魔鬼”。但经过时间的洗礼，每一代人都还是活得好好的。

年轻人的喜好在某种程度上正左右着游戏的发展。我们可以看到，电竞游戏从最初的《星际争霸》《魔兽世界》独领风骚，到现在的《英雄联盟》《守望先锋》《炉石传说》等多元发展，游戏的开发商正根据科技的创新和年轻人的喜好不断去开发不同类型的游戏，电竞走入了全新的时代。有人说《英雄联盟》的出现才真正地让电竞走进了快速通道，它装载了一批“90后”青春时期的美好记忆。坦白说，当年很多跟我年纪相仿的一起走进《英雄联盟》世界的小伙伴，不少人早就默默离开了。电竞的世界，有着太多的不辞而别，那些曾每天面对面“五连坐”并肩排位的好友，也会突然间各奔东西。我曾经以为，Letme 也会以这样的方式跟大家告别。

虽然《英雄联盟》的世界承载了很多“90后”的青春记忆，累积的中国玩家肯定超过千万，但我相信大部分人其实是不太了解这个游戏的背景故事的，因为即便曾是职业选手的我，当时也是这其中的一员。反而在我退役以后，才真正关注起来。不知是否真的冥冥之中有缘分，我玩得最多的英雄奥恩，他的背景故事其实跟我的成长轨迹很像。

在游戏中，弗雷尔卓德是一片环境恶劣、严酷无情的土地。这里的人个个都是天生的武士，必须在绝境中谋求生存。虽然弗雷尔卓德境内存在着许多不同的部族，但他们之间的纷争被划分为三个阵营。奥恩，被称为“火焰之隐”，是弗雷尔卓德的半神，主要掌管锻造以及工艺。相比起他的同类，奥恩更喜欢隐逸世外。他住在被称为“炉心之家”的巨大火山中，习惯独来独往，心无旁骛。一个孤独的匠人，在不断地打磨自己的工艺，始终保持着不屈不挠、精益求精的态度，最终厚积薄发，创造出一件件品质卓越的神器。他的故事，仿佛雕刻着我五年职业生涯的脉络。

“虚空神指通冥路，一声羊来开天门。”这曾是一些粉丝对我的评价。老实说，我第一次看到的时候，真的怪不好意思的，因为我自己非常清楚，我还远远没达到他们说的高度，这世界上比我天赋高的选手还有很多。我经常听到粉丝说我的奥恩玩得很好，也常问我当初为何会选择练奥恩。说真的，与其说我选择了奥恩，还不如说是奥恩选择了我。奥恩这个英雄其实非常全面，不过当时不知为何，就是很少人去用，我的性格就是这样，你们不玩，那就我来玩吧。幸运的是，我也算练出了一些成绩，也算对得起这位英雄。

奥恩的故事，仿佛就是 Letme 职业生涯的一面镜子：自从 2014 年成为职业选手以来，我曾遭受质疑，曾陷入低谷，曾隐忍磨砺，也曾耀眼夺目。这过程让人毕生难忘。我真的很感恩，五年的职业生涯，我通过自己的努力，让很多人记住了当年我随意起的 Letme 这个 ID，也获得了很多人一辈子渴望的荣耀。也许 2019 年 5 月 22 日之后，Letme 终将成为过去。

未来
我其实还是希望
大家能记得我的名字

II

Letme

02

02

2018 年 Letme 不是英雄

2018 年是 Letme 这个名字最响亮的一年。或者说，正是因为 RNG 战队这一年辉煌的成绩，让很多人记住了 Letme。连我自己有时也有种错觉，这一年 Letme 才是我的名字，严君泽变成了一个 ID。不过人生总会有暗淡的时刻，2019 年的 5 月 22 日，Letme 的职业生涯最终定格在这一天。

扫一扫，看采访

•严君泽正式退役

可能让粉丝们失望的是，Letme 并不是以一种“英雄的方式”离开，老实说，我也不想你们把我当成英雄。

也许很多喜欢我们的年轻人会将我们英雄化之后，作为自己玩游戏的借口，这绝不是我希望看到的。在我看来，职业电竞选手跟网瘾少年最大的不同，就是我们跟拥有梦想与初心的普通人一样，是在做着一份事业。

我觉得要成为真正的英雄，需要一往无前的勇气，义无反顾的执着，还有无与伦比的天赋。我并不是一个天赋型的选手，身处 RNG 这样的顶级俱乐部，一直以来都承受着巨大的压力。在退役前的几个月，我的状态始终无法调整过来，压力也越来越大，我真的害怕自己拖了队伍的后腿，连累队友，退役似乎是唯一的选择。我的心中始终有一个标尺：不能接受那个水平线以下的 Letme。

•严君泽退役仪式现场

可能有不少人看过 RNG 为我举办的官方退役仪式，那天在台上我确实说了很多真心话。

其实我真的不想哭，觉得这样太丢人，但当我站上去说话时，却又控制不住自己，还是有点舍不得这个舞台，有种很不舍的感觉。

几个月前我还看着前队友姿态（刘志豪）的退役仪式哭得稀里哗啦，想不到没多长时间，就轮到自己站到台上了。我那天说了很多感谢的话，这些确实不是场面话。五年以来，我要感谢的人实在太多了。感谢所有粉丝的支持与陪伴，见证了我的低谷和高峰；感谢老板和 RNG 俱乐部的所有队友，因为有了他们给予的舞台和机会，才有 Letme 今天的成就；当然还要感谢家乡海南的亲人和小伙伴，有了你们的支持，才让我有动力走到今天。时间过得真的很快，有时我还会想，假如时间能永远停留在 2018 年，那该多好。

• RNG 六周年庆典集体合影

2018 年的开局并非一帆风顺

如果要详细回顾 Letme 的 2018 年，那么必须从 2017 年度《英雄联盟》颁奖典礼说起，那一年 RNG 俱乐部成为“ 联盟峡谷 ”的最大赢家，获得了 9 个奖项。

《英雄联盟》是 MOBA 网游（多人在线战术竞技游戏的简称），游戏里拥有 100 多个个性鲜明的英雄角色。《英雄联盟》的比赛采取 5 vs 5 的规则进行，竞赛地图分上中下三路（三路均有防御塔），以及野区。一般上路、中路各由一个人控制，我们称这两人为上单、中单。而下路的英雄不叫下单，我们俗称为 ADC（普通攻击持续输出型英雄）。因为下路并不是单兵作战，一般会有一个核心输出英雄，一个辅助英雄，下路多为双人对线。

我清晰地记得，我的队友 Uzi（简自豪）获得了最佳 ADC，小虎（李元浩）拿下了最佳中单和年度 MVP（最有价值游戏者）两个大奖，麻辣香锅（刘世宇）赢得了最佳打野，连小明（史森明）也获得了最佳新人的称号，唯独我在最佳上单的比拼中输给了 WE 俱乐部的 957（柯昌宇）。老实说，我知道我跟 Uzi、麻辣香锅、小虎，无论在天赋上还是在队伍的重要性上都不能相提并论，但你说我真的不介意那是骗人的。仿佛 2017 年 RNG 取得那么好的成绩，整个队伍只有我不被外界认可。我坐在台下看着队友逐一上台领奖，这种尴尬确实深深打击了我的自信心。虽然说这样的颁奖礼上很多奖项的评选都夹杂着难以解释的复杂因素，但不管怎么说，这也是一种圈内的集体肯定，这样的荣誉是每个职业选手都期待的。回顾我的职业生涯，即便是在成绩最辉煌的 2018 年，我也没有获得过任何的个人奖项，不得不说，这确实是我职业生涯的一个遗憾。

简单回忆了这次的颁奖典礼，就能解释 2018 年春季赛为何我开局状态低迷。LPL（《英雄联盟》职业联赛）是《英雄联盟》在中国最高级别的职业联赛，同时也是中国通往每年季中冠军赛和全球总决赛的唯一渠道。LPL 联赛从 2013 年开始建立，每年由春季赛和夏季赛组成，每季又分为常规赛与季后赛两部分，常规赛积分排名前八的战队将晋级季后赛。

其实在春季赛开始前，我曾苦练了很长一段时间，自我感觉比起 2017 年的时候有了很大的进步。不过春季赛开局的四连败，让我再次被推到风口浪尖，那段时间我真的很在意外界对我的评价和看法，这也间接对我的心态造成了干扰，我的信心确实被打垮了，有时甚至连直播也不敢开，担心被舆论围攻。而且在春季赛开始前，姿态的加盟，我怎么会不懂当中的含意。休赛期五个位置，只有上单引进了高水平的队友。在俱乐部眼里，Letme 始终是五个人当中最薄弱的一环。

不过让人意想不到的是，姿态来了之后，产生了轮换的机制，反而形成了一种良好的竞争态势，也减轻了我的压力，我从而能有时间慢慢地重获信心。要知道假如选手一直没有信心，但每场比赛都需要坚持上场时，万一真的调整不过来，那结果对选手的打击是毁灭性的。到了常规赛最后一轮，打得越来越顺的我，甚至还拿到了春季赛的唯一一次 MVP。

之后季后赛夺冠其实是顺理成章。虽然我们常规赛的成绩只是中规中矩，但踏入季后赛，队伍好像变得所向披靡。特别是半决赛与风头正劲的 IG 相遇，最终苦战 5 局，以 3:2 取胜，我就知道决赛一定没有问题。结果也跟我预想的一样，我们 3:1 击败了老对手 EDG。我感觉这一年 RNG 的成员都处于个人职业生涯最巅峰的时期，可以打败任何的对手，我也获得了第一个英雄联盟 LPL 赛区的冠军，这也是我的第一个大赛冠军。

LPL
LOL PRO LEAGUE
冠军

团队赢了才是真的赢

经常有人会说，要看谁的能力强，就看他的对线能力。我觉得这样的说法挺荒谬的。即便你的个人能力再强，假如队伍最终输了比赛，那又有什么意义呢？2018 年的季中赛，就很好地诠释了这一点。

《英雄联盟》的季中冠军赛是 2015 年增加的国际性赛事，只有每个赛区春季赛的季后赛冠军才能获邀参赛。其实在取得春季赛的冠军后，我们就已经瞄准了季中冠军赛，对这个世界冠军头衔充满了无限渴望。因为春季赛的季后赛打得太顺了，所以我们从来没有怀疑过季中赛队伍的前景。不过没有想到的是，我们的队伍这次竟然遭遇了一次重大的危机。

我记得当时要去法国比赛，坐了特别久的飞机，到了酒店后又特别累，训练赛时一点状态都没有。相信很多 RNG 的粉丝都知道，RNG 一直以来的战术都是围绕下路去做文章。坦白说，因为有 Uzi 这个强点在，专门为他制定战术也无可厚非，而且一直以来下路都是 RNG 最稳的地方，但没想到这次季中赛的小组赛，问题偏偏就出在了下路，团队甚至出现了一些矛盾和争吵，正如 Uzi 在我们团队会议上所说："选英雄就选自己玩得好的，纯粹靠个人能力在打，没有任何配合的意识，这比赛没法打下去。"

•2018 年《英雄联盟》全球总决赛 RNG 宣传照

虽然教练孙大勇不断安慰我们，全队上下包括教练组都有失误的地方，但我们心里明白，Uzi 这番话主要针对的就是同在下路的队友。

我觉得一个团队，特别像《英雄联盟》这种讲究配合的游戏，有时这样的讨论是相当有必要的。有什么问题不能憋在心里，要把它讲出来，不然矛盾越来越多，危机就会越来越大。作为一个旁观者，你观察一个队伍是否出现状况时有一个非常好的观察点，那就是团队麦克风是否运作顺畅。

假如你发现团队麦克风里基本没有声音

没有交流

那么队伍肯定有问题

我其实非常理解小明当时的状态，他陷入了我平时经常处于的困局，就是没有了自信，外人通常是很难理解的。不过最终在教练的帮助下，Uzi 也放下包袱，给予小明更多的鼓励，团队才迈过了这个难关。

我喜欢这样的队伍，每个人都在努力，就连一直缺乏自信的我，这次也好像打开了任督二脉。过去很多人觉得我对阵顶级上单，肯定打不过，但当我拿下一场又一场胜利之后，他们就无话可说了。这次 RNG 的所有人都表现出了最优秀的一面，我们并不是粉丝经常说的“四保一”队伍，每个人都有自己的作用。这才是真正的团队竞技，也是团队作战的魅力。

决赛我们面对的是韩国强大的 KZ 战队，我与 Khan 也是时隔四年后再度交手。当时的 Khan 已被称为世界第一上单，但那又怎样？我在与他的对抗上一点都不落下风。这场决赛，我们赢得酣畅淋漓。我从没有像这次夺冠后如此激动，因为这次跨越低谷后的向阳而生，让我们在最绚丽的年华登上人生的巅峰。

不知道为何会输才是最可怕的

季中赛之后，时间的轮轴好像一直都处于胜利的轨道上，我们又将亚运会和夏季赛的冠军收入囊中，很多人已经开始期盼 RNG 在韩国釜山举起 S8 全球总冠军奖杯的那一刻。

S 系列全球总决赛是《英雄联盟》一年一度最为盛大的比赛，也是《英雄联盟》所有比赛中荣誉最高、含金量最高的赛事，就好像传统体育中的世界杯、奥运会一样，参赛者均来自全世界各大赛区最顶尖的战队，只有在每一年的职业联赛中表现出色的队伍才有资格参赛，在这之前的七个赛季，还没有来自中国的战队问鼎。可想而知，对于中国粉丝来说，他们对这个荣誉是多么渴望。

可能现在还有很多网友经常翻出我们队伍在观看抽签仪式时，得知八强战抽到 G2 战队时笑抽的画面，现在回看确实挺讽刺的。当时我们所有人都觉得赢定了，主要也是因为之前的比赛我们赢得太多了，心态开始膨胀了。虽然小组赛曾有过一些波澜，但很快又回到了我们熟悉的节奏，以小组第一的成绩出线。很多队伍在总决赛前做了很多新的战术演练，但我们还是训练一些很老套的东西，说白了就是准备不充分。

不是我马后炮，其实早在S8的训练赛时，我已经感觉到有一丝不对劲，这算是我对游戏的一些直觉吧，但一时又说不出来哪里不对劲。因为当时我们被吹捧得太高了。

当时各个赛区水平其实差不多，我们只能算是一流的强队，但不至于像媒体上说的那样必定拿冠军。RNG一直以来都有自己独特的打法，但那时打的训练赛就感觉不像是平时的RNG，每个人都感觉队友打得有点奇怪。

也许真的是每个人都想得太多了，八强战对阵G2战队时，大家选出来的英雄也是我们擅长的阵容，但不知为何，打着打着就突然输掉了。当你不知道为何会输时，才是真的可怕。

决胜局输给G2战队之后，我的脑海中真的一片空白

我看到场馆里有很多观众在哭

心里更加难受和自责

好像我辜负了他们的期望

很多人觉得，这是整个S8总决赛他们最难忘的一天，其难忘程度甚至高于最终同样来自LPL赛区的IG战队夺冠。

S8 过后，我进入了很漫长的瓶颈期

我不是一个容易放弃的人

过去的五年，每一年总结时我都觉得自己还能进步。但这一次，我真的觉得自己没有进步空间了，也不知道怎样才能继续提高。我曾经试过三个月没日没夜地苦练，但是结果很不理想。当时流行上路玩杰斯这样的英雄，我就练了很久杰斯，但觉得再怎么玩也玩不到很高的水平，那时我就意识到，自己的能力可能跟不上了。

过去很多人觉得我不行，我勇敢地坚持了下来，用一个个冠军证明了自己。但这次当大家觉得我行的时候，我却选择离开这个舞台。我知道每一个抉择，都不可能让所有人满意，但 Letme 真的已经用他最大的努力做到了极致，感谢 Letme 一直以来的努力和陪伴。

2019 年 5 月 22 日
Letme 的生涯结束了
严君泽的生涯开始了

•严君泽身穿亚运队服在比赛现场

亚运队服，我最喜欢的收藏品

最近一年有留意我直播的朋友应该也知道，我在上海的家布置得挺简单的，房间里除了有一些我喜欢的收藏外，也没什么特别出彩的地方，典型的宅男起居室。估计像我这个年纪的男孩，都不会把心思放在房子布置上吧。在所有的收藏品中，我最喜欢的就是雅加达亚运会时的中国队队服，我还非常郑重地把它装裱起来，放在房间里显眼的位置。

老实说，从竞技水平的层面上来看，亚运会比赛的激烈程度也许比不上 S 系列赛，亚运会的冠军也不一定是含金量最高的，但我可以非常肯定地说，它绝对是最有意义的。说直白一点，这个冠军我可以向别人炫耀一辈子。

预选赛差点出不了线

电竞成为亚运会的表演项目，这虽然只是体育的一小步，但却是电竞的一大步。我知道要让颇具争议的电竞加入亚运会，哪怕只是表演项目，也是一件非常不容易的事情。

电竞本质上是一场公平的竞争，参与其中的每个人，都是为了追求自己的极限，这与奥林匹克“更高、更快、更强”的格言不谋而合。当然电竞不被人待见可以理解，因为它从根本上来说，是一种依托于游戏的运动。对于那些自制力差的人来说，游戏是十分危险的，一不小心就会沉迷进去并深受其害。但这个市场实在太庞大，前景更是充满了无限的想象空间，所以会有很多人愿意为其“铤而走险”。经过多方争取，就在离亚运会开幕还有三个月的时候，亚洲奥林匹克理事会才宣布了这个决定。

当时知道这个消息后，我是兴奋的，这仿佛证明了我一直在坚持的事情是对的。不过那时我压根没有想过我能成为国家队的一员，因为电竞是一个新的竞技项目，之前并没有真正意义上的国家队。要说电子竞技选拔组建国家队，也许真是大姑娘坐花轿——头一回。到底如何选，按什么标准选，当时其实是没有共识的。而且为了参加亚运会，职业联赛的赛程需要做出调整，也需要多方沟通和协调。

预选赛是在 6 月 8 日开始，我是 6 月 7 日才收到通知的。当时我们刚拿了季中赛冠军，还处于休整的阶段。记得那天我还躺在床上睡觉，突然就接到电话，要我马上坐飞机去香港，当时整个人一下子就蒙了，真的完全没有心理准备，东西也没怎么收拾，就这样上路了。

可能很多人提起雅加达亚运会的《英雄联盟》比赛，最令人兴奋的就是我们登上冠军领奖台，为国家争得荣耀的时刻。但老实说，最让我记忆犹新的，反而是在香港进行的预选赛，因为拥有豪华全明星阵容的中国队，小组赛差点未能出线。

《英雄联盟》是一款非常讲究团队配合的游戏，它要求上场的五名选手要有非常好的默契。虽然当时国家队的六名选手中，正选的五人有三个来自 RNG 俱乐部，包括 Uzi、麻辣香锅和我，还有替补的小明也是 RNG 的队友；另外两个是当时 LPL 最热的明星选手 Xiye(苏汉伟)和 Meiko(田野)，默契始终差了一些。而且因为当时刚比完季中赛没多久，我们已经有一段时间没有碰过《英雄联盟》，这导致在香港的预选赛，一开始我们打得非常不好，状态糟糕透了。

预选赛总共有来自 27 个国家和地区的代表队伍参加，每个项目的前七名可以晋级正赛。中国被分在了东亚赛区，只有两个出线名额。毫无疑问，在整个亚洲，韩国、日本、中国等国家的电竞发展是最好的，可以说有实力夺冠的队伍都集中在了东亚赛区，两个出线名额根本不够。

•中国队队员们聚精会神地研究比赛战术

在比赛的那几天，作为队员其实我们是不知道晋级规则的，教练也没有跟我们详细讲过，只是不断地鼓励我们要专心打好每场比赛。当时队伍状态不好，我们也感受到了教练姬星（阿布）身上是有压力的。后来比赛结束后，教练才跟我们坦白，预选赛的整个过程其实是跌宕起伏的。因为在这个过程中，组委会经过了慎重的评估与考虑，决定增加东亚赛区一个晋级名额。正是增加的这个名额拉了中国队一把，加赛后排在第三的中国队，幸运晋级。

扫一扫，看采访

亚运夺冠比S系列赛夺冠还难

预选赛过后，我们这几个人重新回到各自的俱乐部，因为 LPL 的夏季赛没有停，我们还要为各自的俱乐部征战。在离亚运会开幕大概还有半个月的时候，我们才重新集合，前往深圳的体工大进行集训。

第一天到达集训地，获悉集训安排时我们其实已经崩溃了，因为大部分的职业选手都有熬夜的习惯，譬如我平时就是大概中午 12 点起床，下午 1 点开始训练，一直到第二天凌晨三四点，中间有一小段吃饭的时间，不过这次却完全不同。以前的电竞比赛都是安排从下午开始打，但亚运会的比赛，却是从早上 10 点开始，一直延续到晚上八九点。为了适应这个比赛节奏，我们的集训就必须严格遵循这样的作息规定，而且饮食方面也要摒弃随心所欲的个人习惯。每天有人专门从体工大送来餐食，除了顾及科学的营养搭配外，也是为了避免队员误食含有兴奋剂成分的饮品和食物。这对于经常没事吃个薯片，有空撸个串的职业选手来说，真的太不习惯了。

不过比起训练时出现的状况，这些根本不算事儿。国家队的成员都是当时 LPL 中最优秀的选手，回到自己的俱乐部，不少人也是队伍中的核心，你要他们短时间内磨合在一起，难度真的不小。开始那几天我们的训练赛总是输，我都开始怀疑自己是不是不会打这款游戏了，队友的情绪也变得焦虑起来。

我记得有一天约了 IG 战队进行训练赛，打了两三场发现状态非常差，教练干脆直接把当天的训练赛取消了。我记得 Uzi 甚至说：“沟通不好就不要再打了，不然会伤了和气。”我当时甚至有想过，我们这支队伍是否能继续打下去。后来阿布教练放了我们两天假，让我们每个人都好好想清楚。正是这个决定，让我们慢慢改善了磨合的问题。

第一次在比赛现场升国旗 我热泪盈眶

亚运会电竞比赛的主场馆，是印尼巨港一家篮球俱乐部的主场。对于早已习惯在世界各地著名场馆比赛的我们来说，这样的小场馆好像有点“不太专业”。但应该没有人会在意这些，毕竟这将会是载入史册的一个地方。

前往雅加达之前，我们就知道夺冠之路上的对手只有两个。一个是由“大神”Faker（李相赫）带领的韩国队。说实在的，无论之前你有没有跟 Faker 交过手，有没有赢过他，只要你遇到他就会感觉到压力，遇到他就还是会害怕，这种恐惧是很难从根本上消除的。毕竟在很多人的眼中，Faker 是代表一个时代的顶尖高手。可能正是这种恐惧，导致跟韩国分在同一小组的我们，小组赛以 0∶2 告负。而另外一个对手其实就是我们自己了。我们清楚中国队是有夺冠能力的，也知道能打败自己的往往不是别人而是自己。我们必须放下之前的荣誉，平稳心态，不要被心态左右而发挥不出自身的实力。就好像足球世界杯的赛场一样，很多强队就是因为心态没有调整好，连小组赛都无法出线。

在这里我真的想感谢一下当年 RNG 的两位教练 Heart 和孙大勇，他们当时加入了中国队的智囊团一起出征雅加达。你要知道，这是一次国家层面的比赛，他们这样帮助我们是需要付出很大的勇气的。正是因为他们的出谋划策和给我们做心理建设，让我们逐渐摆脱了“恐韩”的情绪。我清楚记得在决赛重遇韩国队，大比分打成 1∶1 时，我就已经感觉到，夺冠的希望变得越来越强烈了。随后第四局虽然开局不利，但我自己也及时爆发单杀了对手的奥拉夫，接下来的团战就没有问题了，最终我们大比分 3∶1 战胜韩国队，取得了梦寐以求的亚运会冠军。

看着场边呐喊的观众，听着他们忘情的欢呼，耳边响起嘹亮的《义勇军进行曲》，凝望着那徐徐升起的五星红旗，我热泪盈眶。我知道即便在未来的很长一段时间，电子竞技还是要在质疑声中成长，但这块金牌就是我们面对质疑的一次有力回击。

我们不是只在玩游戏
我们也是很认真地在做一件事情

寄望电竞能成为亚运会正式项目

我们夺得亚运会冠军后，外界对电竞未来的发展有了更高的期望，但2019年4月，杭州亚运会的组委会官方正式公布了2022年杭州亚运会的项目名单，其中37个比赛项目已经确定，令人失望的是，其中并没有电竞。

坦白而言，由于电竞是一个新兴的项目，电竞职业选手和玩家普遍年龄较小，管理上有很多不完善的地方，很容易给外界以不成熟和混乱的印象。但作为一个过来人，我可以很明确地告诉大家，电竞选手真的与你们所了解的网瘾少年不一样，我们这些参与者也是在勤勤恳恳地做着一份事业，并没有玩物丧志。

电竞选手的职业生涯很短暂，而且随着科技的高速发展，人的需求也变幻莫测，一个游戏能流行多长时间，也没有人会知道。理论上我们这一批人，已经没有什么机会可以再次披上国家队的战袍。但我们通过万般努力，夺得亚运会的冠军，并不是希望成为前无古人后无来者的英雄，而是希望后来者能有更多的机会坚定不移地去追寻那份炽热的初心和梦想。

III

Letme

03

03

当成为 Letme 时 我才知不够天赋

经常会有人问我关于天赋的问题：怎么样的电竞选手才算有天赋？我经常会用自己当例子，像我这样就是没有天赋的，估计你认识的大部分职业选手，天赋都比我高。这真的不是妄自菲薄，我说的都是实情。一个天赋好的人，可能只需半年的时间就能将《英雄联盟》打到顶尖水平，我用了一年半的时间还做不到。就好像当年刚出道的 Uzi，只是玩了几个月，就可以跟随职业战队一起去打比赛了。在电竞这个行业，天赋是一个很玄妙的东西，你很难用言语去描述。如果你让我一定要将它具象化表达出来，那么就是有天赋的人，操作永远比别人流畅，而且有自己的独特之处，不时就能创造出让人意想不到的新玩法。

我觉得电竞跟赛车很像。开车很多人都会，普通人几个月就能考到驾照，但能成为职业赛车手的，全世界加起来，也就那么些人。电竞同样如此。电竞应该是在所有的竞技项目中，参与人群基数最高的一个，时下的年轻人，谁不会偶尔玩几把游戏？不过要成为一名职业的电竞选手，大家心里也明白，对选手的天赋要求是非常苛刻的。你试想一下：全世界有那么多人拼了命就是想登上这个舞台，假如你不是拥有最顶尖的天赋，怎么可能保得住你的位置？严格来说，我真的挺幸运的，天赋不怎么样，却在这个舞台摸爬滚打了五年，也拿了很多人梦寐以求的冠军。

我是S2的末期开始接触《英雄联盟》的，应该是2012年吧，那时我还在老家海南万宁读书，读高一。那个年代玩游戏也是跟风的，这段时间大家在玩啥，就大伙一窝蜂地去玩。我记得当时我玩得也不算厉害，顶多也就是黄金水平，有一个叫振宇的小伙伴来邀请我加入他们的战队，一起去参加地区网吧赛。坦白说我也忘了我们是怎样认识的，不过现在他依然还是我的好哥们。那时年纪小，也没有考虑太多，就当去玩吧，这算是我走上电竞之路的开端吧，Letme这个名字，也在这个时候才正式出现在我的生命里。

我好歹有一个爱学习的优点

开始尝试去打《英雄联盟》的比赛时，我在队伍里的水平也只是一般，打了一年多后才感觉到自己有了进步。不过我觉得自己还算有个优点，就是喜欢学习，遇到困难的时候肯去钻研，弥补了我在天分上的一些差距。我的学习成绩一直都不算差，当然也不是老师眼中的好学生，假如不走职业这条路，安安稳稳上个大学是没有问题的。

那时候我们组队打比赛，老实说也没有什么战术配合可言，纯粹就是靠个人能力乱打，能打出一些成绩，一方面也许是海南当地整体水平并不高，另一方面也真的是运气。经过一年多的磨炼，到了高三的时候，我逐渐成为队伍里的领军者，也才萌生了成为职业电竞选手的想法。至于原因，应该是大多数年轻人都有的那种虚荣心吧。那时觉得能代表职业战队去打比赛，是一件很光荣的事情。而且当时《英雄联盟》真的火得一塌糊涂，我有种“错觉”，只要能站上这个舞台，我就是万人追捧的英雄。

至于对职业的定位和理解，相对来说是比较模糊的，我也不会去计较，也不知道职业赛场是一道怎样的风景。

•Letme（严君泽）

扫一扫，看采访

刚入电竞圈以为遇到骗子

那时候很多俱乐部的人想找有潜质的选手，绝大部分的途径就是从游戏排位中寻觅。我那时的游戏排名还不错，有一天就有一个 ID 叫作“师兄”的人找上门来。他自称是某某职业俱乐部的人，希望我能加入他们的战队，打职业联赛。包吃、包住，还有工资拿，条件听上去真的极为诱惑，就像一个天上掉下来的馅饼。现在回想起来，好像跟电影里那些星探在街边忽悠人的套路一模一样。

其实我当时的第一反应不是兴奋，而是觉得这绝对是一个骗子。因为当年中国的职业电竞才刚刚起步，电竞圈处于一个鱼龙混杂的状态，什么人都有，很多黑企业骗了你过去之后，你才慢慢发现他们压根儿不是在搞俱乐部，纯粹摆个阵势骗投资人的钱。自小性格谨慎的我是不会那么容易相信好事情就发生在自己身上的。

不过“师兄”确实是一个挺有毅力的人，而且在交流的过程中，他给人的感觉还是挺忠厚可靠的。就这样我们一直保持沟通超过两个月的时间，我才逐渐觉得这个事情有可能是真实的。那时刚好高考结束，有一个非常长的假期，也面临着很多选择。我和之前提到的那位叫振宇的小伙伴就决定去试一试，于是我们俩就先斩后奏，瞒着家人结伴去了东莞。这个决定让我真正打开了电竞圈这扇门。

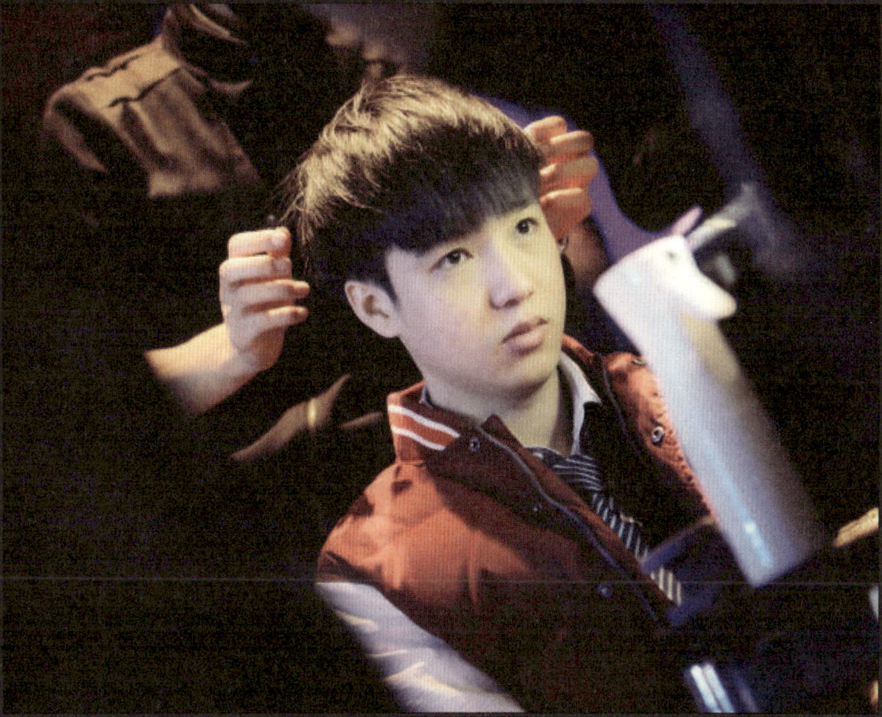

•2018 年《英雄联盟》庆典中的严君泽

来到东莞后，我们对这个正在组建的俱乐部有了较为深入的了解，知道俱乐部老板真的是有心思在电竞方面做一番事业，这也让我们安心了许多。相信对我过去的职业比赛有了解的朋友，应该也知道这就是后来的光启丰汇，GT 战队。那时俱乐部的吃住条件相当不错，训练安排也合理规范，我们也没有想太多，把所有心思都放在训练上。很多人以为职业电竞选手全是高收入人群，也经常批评我们说坐在那里动动手就赚了不少人一辈子都赚不到的钱。我想说这真的是完完全全的误解。

•严君泽队员时期宣传照

要知道一个顶尖的职业选手，他是通过很多艰苦的努力，付出了许多你们难以理解的代价，才有机会走到这个舞台最耀眼的光柱之下，我要强调的是“有机会”，也就是说很多人即便万分努力，也不一定能追逐到他想要的目标。这就像你们熟悉的足球运动员一样，很多人都在羡慕 C 罗、梅西这些超级巨星拿着天文数字般的薪水。但你们不想想，这个世界能有多少个 C 罗，有多少个梅西？很多普通的足球运动员，特别是预备队的青年队员，他们的工资也只是勉强能解决温饱，假如最后真的没有机会能在顶级俱乐部争到一席之地，那么可能他们十多年的努力就白费了。我加入光启丰汇时第一个月的工资只有 3000 元，即便这样我也高兴了好一阵子。

我没想到他会离开

当时第一次走出家门，来到一个陌生的地方闯荡，生活简单，虽然收入不高，但因为年轻，总是对未知的生活充满了期待，在有了收入的情况下，我觉得浑身上下都是冲劲。

不过真的是应验了那句话

人生的道路上

从来都不是一帆风顺

过了一段时间，当时某些被召唤过来的队员，打着打着发现水平跟职业的要求还是有不少距离，于是就放弃了。队伍的人员严重不足，让俱乐部陷入了危机之中，虽然我与振宇一直在坚持训练，但好像一时之间也看不到任何前景。

不过那时最让我意想不到的是，一起和我从海南过来闯荡的小伙伴振宇，突然有一天跟我说，因为家里的劝阻和压力，他需要回去海南读大学了。听到这个消息后，我突然觉得整个东莞的天都是灰色的，心情极为矛盾。一方面我也明白，在很多人的传统思想里，我们走的这条路根本没有任何模板供你参考，怎么看都像是不切实际，振宇一直面对的压力我都懂；另一方面，我觉得我们已经长大了，既然已经踏上了追梦之路，刚好也算是有了一些成绩，为何就这样放弃呢？我们的约定怎么办？我只能一个人留在这里吗，还是说跟着振宇一起回去？那几天，彷徨与忐忑的情绪一直环绕着我。

我当时真的不知如何抉择，因为在去东莞之前，我跟振宇商量好要相互扶持、共同进退。但此刻我的内心又有另外一个声音，好像在鼓励我坚持下去。我不是一个容易放弃的人，还有点好胜。我觉得凡事也无绝对，既然当初选择了走电竞这条路，还没走完，我不敢轻言放弃。如果我不去尝试，也许会后悔一辈子。

几年后，振宇也跟我袒露过心声，对于当年的抉择，他是有些后悔的。其实当年他跟我同样矛盾，因为他已体会到了职业这条路有多难走，知道自己是逃避不了，肯定要回去的，但不知道如何跟我说明，从而陷入了深深的自责当中，觉得好像背叛了我。老实说，我真的没有责怪过他。

人这一辈子，都是在抉择之中度过的

没有人敢说你的每一次选择都是正确的

假如不是我取得了一些成绩，那么我面对的就是虚度光阴的漫天指责。作为兄弟，我会支持他的每一个决定。让我高兴的是，现在振宇已经大学毕业，从事着跟电竞培训相关的工作。虽然我们选择的道路不同，但彼此从未离开过，依然还是向着同一个目的地无畏前行。

•小虎宣传照

小虎是天才中单
他是我的“大腿”

好友离开，人员不足，队伍面临着解散，我确实也有想过放弃。那会儿俱乐部还有另外一支打次级联赛的队伍，成绩处于中游，勉强能打进季后赛。因为我所在的一队也真的没有办法再单独发展下去了，于是老板就决定把两支队伍融合在一起，刚好那时整个俱乐部缺乏好的上单，机缘巧合之下我就成为战队的先发主力。

我记得接触《英雄联盟》的初期，我是什么位置都打的，也对自己挺有信心。那时参加比赛时，小伙伴说没有人会打上单，我就主动请缨。后来加入职业俱乐部之后，发现比我有天赋的人实在太多了，也没有时间和机会允许我做出改变，只能一心一意将上单练好。

2014 年底，我们的队伍迎来了一位非常年轻的天才选手，他就是未来几年在 RNG 和我一起并肩作战的小虎，那时他才 16 岁。我们的战队也实现了三级跳，从 TGA 到了 LSPL，随后又登上了 LPL 的舞台。假如你用 10 分作为满分来评价职业选手的天赋，Uzi、Faker 这些肯定是最顶尖的，但小虎也是我见过的少有的 9 分以上的天才。其实我知道，当年皇族俱乐部之所以愿意收购我们 GT 战队，很重要的一个原因是小虎。有很多评论文章非常客气地说，我跟小虎是当时 GT 战队的“双子星”，我知道这把我抬高了。现在我可以直接告诉你，那时 GT 战队的明星选手只有小虎一个。

我的 LPL 首秀，是 2015 年 S5 的春季赛

只有当你去爬这座山时

你才会知道山有多高

你才会发现之前的自己是多么渺小

你在赛场上碰到的都是天赋比你好，操作比你厉害的人，电子竞技有时候就是如此残忍。LPL 的赛场不是业余玩家平时的排位，队伍中每个人的英雄选择都非常讲究，不是自己随便练几把就可以了。每个英雄拿出来之前，都要经过很多次的队内练习，包括设计阵容、研究战术、练习配合等。那时的我非常迷茫，感觉什么对手都打不过。我们战队的教练水平也有限，我们只能靠自己去摸索和学习。当时战队的成绩很差，连续地输掉比赛，一胜难求，常规赛只排在倒数第二位，要进入生死攸关的保级战，这也让我对这支战队失去了信心。

不过命运的轮盘却在如此低压的状态下慢慢开启，每一次相遇也许就是久别重逢后的命中注定。有意思的是，当年我们帮助 GT 打保级战时，遇到的对手就是 RNG 的前身——皇族战队。在我的“大腿级”队友小虎的带领下，我们轻松地以 3∶0 战胜了皇族战队，保级成功。也许正是这场关键的比赛，激发了皇族收购 GT 战队的欲望。

•Xiaohu 小虎（李元浩）

战队被收购
RNG 正式成立

到了这个时间节点，GT 战队遇到了前所未有的财务危机，因为我们的老板好像没有心思再搞电竞了，人心开始涣散。刚好春季赛降了级的皇族俱乐部决定实施大手笔的并购计划，我跟小虎也成了收购计划的一部分，加入新组建的 RNG 战队，我们也成为 RNG 的初代成员。随后麻辣香锅也加入了我们，RNG 的“冠军阵容”在这时初见雏形。

有钱也许可以任性
但有钱并不一定能换来成绩

在那么大的资源投入之后，我记得 2015 年的夏季赛，稚嫩的 RNG 战队经历了非常惨痛的打击。那时很多人对拥有国产新生代中“最强中野组合”的麻辣香锅和小虎的 RNG 寄予太高的期望。当很多人以为 RNG 会在这个夏季赛有所作为的时候，一场又一场的败仗又把粉丝拉回了现实。常规赛结束后，我们再次深陷保级赛的危机当中。虽然保级赛我们以两个 3∶2 艰难获胜，保住 LPL 的资格，但坦白来说，那个赛季我们可以说是一败涂地。

•RNG 战队摄于 2018 年《英雄联盟》总决赛

整个赛季让我最痛苦的

就是自我感觉像一个“透明人”

我好像在整个团队里没有任何的贡献，好像什么都没做一样，甚至有时还严重拖后腿。我这辈子最无法忘怀的一场比赛，就是发生在 2015 年的夏季赛。那场比赛本来我们是可以赢的，但因为我做了太多错误的选择导致最后输了比赛，我非常自责。那时候大家都很年轻，而年轻人有一个比较相似的特点——甚少主动认错，很多人经常会把失败归咎于别人的错误或者一些不重要的客观原因身上，很少会去对自己做自我检讨和反省，当然这个不需要过分去指责，因为他们会随着年龄和经验的增长而慢慢改变。当时我真的是鼓足了勇气，当着所有人的面承认了错误，也当众道歉：“感觉挺对不起大家的。”让人意想不到的是，即便这样也好像没有人在意我所说的，可见那时的队里气氛有多么糟糕，大家真的输到麻木了。

•Mlxg 麻辣香锅（刘世宇）

扫一扫，看采访

2016 年，我职业生涯的“至暗时刻”

2016 年确实是我最不愿提起的一年，相信很少会有电竞选手有像我这样的经历，因为假如这些事情发生在他们身上，估计绝大多数人会选择离开。

2016 年最低谷的时刻

我真的差一点就放弃了

感觉人生都失去了希望

2015 年的惨败，让俱乐部重新思考战队的组成战略。那时韩国地区的 LCK（《英雄联盟》韩国冠军联赛）联盟如日中天，拥有非常多优秀的韩国职业选手。而且当时《英雄联盟》的职业化程度越来越高，俱乐部之间选手交易转会的情况陆续增多，利益也驱动了很多俱乐部投入更多的资源。于是 2016 年的春季赛，RNG 有一个很重要的举动，就是引入了两名韩国的强援：Looper（张亨硕）和 Mata（赵世亨），作为 S4 全球总冠军的上单，Looper 的实力毋庸置疑，而且极为全面，单杀、抗压、防 gank（防偷袭）、支援各方面的能力都非常出色，英雄池又深。老实说，那么多年过去了，假如你要我评价谁是全世界最好的上单，Looper 绝对还能排在前三。

一个那么强劲的选手到来，我自然就沦为了替补。事实上，当时俱乐部的决定也是没有错的，一切都是为了 RNG 的长远发展考虑。一个是世界级的冠军上单，一个是名不见经传甚至状态还有点差的我，这道选择题谁都知道怎么做。而且结果也证明了这道选择题的威力。2016 年，RNG 历史性地获得了春季赛的冠军。

我当时非常羡慕小虎他们

羡慕他们能以主力的身份获得那么重要的冠军

而我却连上场比赛的勇气和信心都失去了

有人评价说当时我是俱乐部的牺牲品

但坦白而言，当时的我真配不上“牺牲”二字

我和 Looper 的差距不在一个维度上

你们仔细想想，一个队伍其他人没有换，只是换了两个人，成绩从倒数的位置攀升到第一位，对被换的两个人而言，想想都觉得沮丧。那时我作为替补，因为实力相差太远，几乎没有机会上场比赛，只能自己刻苦练习，那么长期下来就会觉得很无聊，因为练习得再好也是没有意义的，只有比赛才能证明自己。我记得当时还有一个替补联赛，就是让我们这些替补选手打的，即便到现在我也不知道这比赛的意义是什么。

而更为残酷的是，到了 2016 年下半年的夏季赛，可能因为看到我没有出场机会，俱乐部就决定把我下放到二队，参加次级联赛 LSPL，我的人生好像回到了原点。那段时间我确实颓废了一阵子，我不知道继续练习和打比赛有什么意义，我一度认为俱乐部已经把我放弃了。那时虽然像小虎这些跟我并肩作战很长时间的兄弟会不断安慰我，但老实说，要走出这个困境，我能依靠的也只有自己。好在过了一段时间，我也终于想明白了，这应该是老天给我的一个机会，将一个“实战版”的老师带到我身边。

虽然说电竞是很难“偷师”的，因为每个人的想法各不相同，你很难明白每个人面对不同的状况时具体的想法是怎样的，但一些大方向的理念，可以潜移默化地影响别人。虽说我自己感觉被下放的那半年基本没什么提高，但由于经常会看 Looper 他们比赛，Looper 那牺牲自己成就团队的“蓝领式打法”确实给了我很大的启示，我也逐渐懂得了如何做才能将团队的优势发挥到极致。可以说随后两年我能够跟随队伍取得一些成绩，离不开这半年的风雨磨砺。

2016 年夏季赛的后半段，我能做的只有加倍的努力，因为我很清楚，再不努力真的就没机会了！最终我也侥幸地获得了一个殊荣，帮助 RYL 战队获得了次级联赛 LSPL 夏季赛的季军。

RNG 像一所学校，良师益友陪我度过艰难时光

对我而言，RNG 像一所学校，里面有很多良师益友，帮助我学习到更多的东西。那里有很多陪我度过美好时光的人，哪怕是我最艰难的时光，因为有他们的陪伴，亦变得美好。

2016 年夏季赛，Uzi 这位天才的回归，让 RNG 成为当时最受关注的俱乐部，毕竟 Uzi 的影响力已不仅仅在 LPL，全世界很多粉丝都将他视为偶像。不过 S6 的铩羽而归，让俱乐部再一次考虑未来的方向。Looper 和 Mata 选择了回国，而老板也在考虑是否应该组建一个“全华班”的阵容。

我是战队最后一个确定的队员，之前我真的不知道我能返回一队，这里确实要由衷感谢老板对我的信任，这个决定可以说改变了我的一生。不过能回到一队，我第一感觉不是开心，而是那种让我有点喘不过气的压力。毕竟 S6 的时候，Looper 的强势是有目共睹的，在很多人看来，我是替换掉 Looper 的人，直接的比较在所难免。我当时的能力可以跟 Looper 相提并论吗？明显不行。所以在 2017 年的春季赛，只要 RNG 打得不好或者输掉比赛，网友的矛头基本上都指向我，哪怕那场比赛我没有犯什么过错。

•RNG 队员合照

其实我心里明白当时必须要把这个责任担起来，原因很简单，大家也知道那时 RNG 的核心是 Uzi、麻辣香锅和小虎，我和小明算是新人。每当队伍表现不好或者遭受挫折的时候，如果粉丝责怪 Uzi 他们的话，那么队伍很容易就会被舆论打趴下。国内电竞界有一个普遍的状况，也许因为电竞选手大部分年少气盛，打得不好时，很容易被外界的舆论压垮；打得好的时候，别人随便吹捧一下又会很容易飘起来。所以一个成熟的队伍，是需要找到一个舆论的宣泄口。那时我和小明必须成为被直面批评的人。虽然说战略上应该要这样做，但你说我真的不介意，那是不可能的。到最后我只能选择不去看，不去关注，永远不要让别人来衡量你的实力，只能自己去衡量，不然心态很容易就会崩掉。

正如我们之前的教练经常说的："同事之间的友谊和朋友之间的友谊是有区别的，我希望你们建立的是朋友之间的友谊。"值得庆幸的是，在相互支持和鼓励之下，我们整个团队逐步向一个好的方向发展。虽然 2017 年春季赛我们的成绩不算拔尖，但夏季赛时我们就慢慢步入了正轨，从而也对 S7 的总决赛有了更多的信心。

•Ming 小明（史森明）

我最疯狂时
每天训练超过14个小时

当时如此大的压力，根本容不得你停下脚步，2017 年应该是我五年的职业生涯里练得最苦的一年。我见过很多有天赋的年轻人，正因为对自己没有一个高的要求，没有把心思放在训练上，最终只能遗憾地离开这个赛场。跟很多传统的体育项目一样，职业电竞这条路一点都不好走，甚至有过之而无不及。如果你选择了走这条路，就不要有太多的抱怨和后悔，要把心思放在如何提高自己上。

在 2017 年重回 RNG 后，我在训练上从来不敢怠慢。假如下午 1 点开始训练，我一般上午 11 点多就会起来，训练前自己先打两盘排位热身，希望在跟团队合练前先把兴奋度提上来。训练开始后除了吃饭的时间外，很少会休息，就这样一直持续练到凌晨 4 点，训练时间有时会超过 14 个小时。我从来不去抱怨什么，假如你想做出一些成绩，只能不断提高对自己的要求。自律，是一个职业电竞选手最基本的素质。你现在看到的取得了一些成绩的职业选手，他们每个人的付出绝对不比我少，甚至有的还多得多。

所有人都知道 Uzi 的天赋超群，但你们知道吗？他也许是我们所有人当中最勤奋的一个。这也是为什么一直以来，我都把 Uzi 视为前辈，当

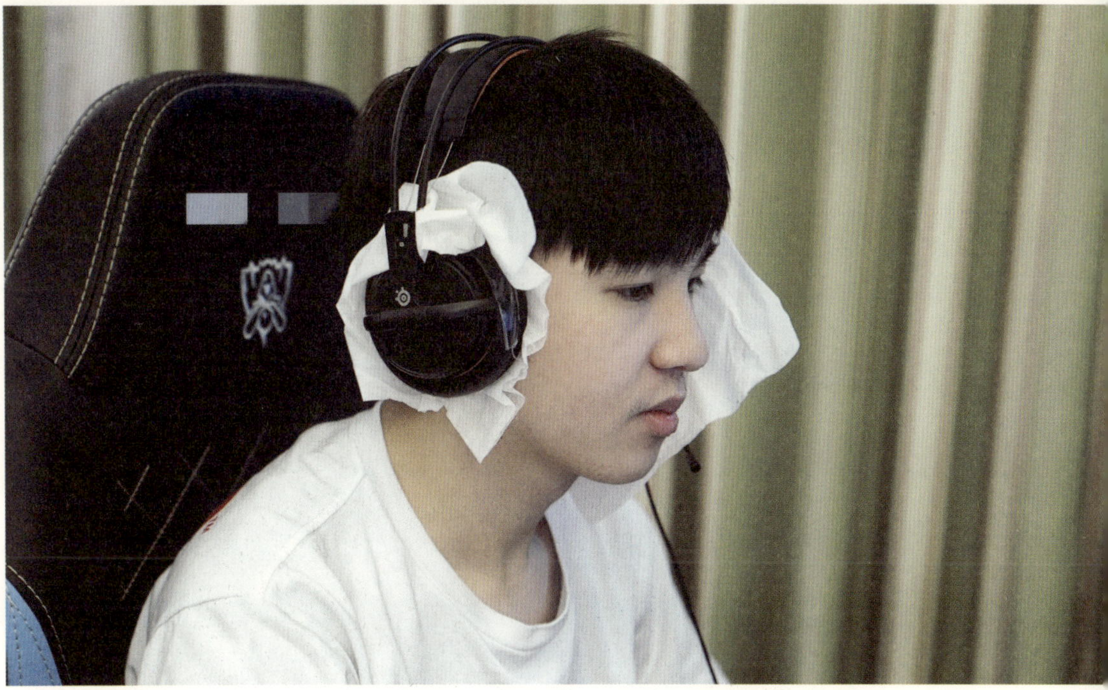

•严君泽备战中

成追赶目标的原因。在他跟我成为队友的这几年里，每天当我到达训练室的时候，我都会看到他已经在那里。而当我撑不住要回去休息时，训练室依然有他的身影。即便他已经达到被全世界玩家认同的高度，他也从未降低过对自己的要求。这是一种多么可怕的毅力！

如果一个人天赋好

又特别努力

那么别人始终都追不上你

•Uzi 小狗（简自豪）

S7 是我们最接近总冠军的一次

跟 S6 相比，我觉得我们在 S7 来临前的准备已经做得挺充分了。我跟很多粉丝的看法一样，那一年是我们最接近 S 系列赛全球总冠军的一次，毕竟那一年 Faker 领军的 SKT 并不如之前几个赛季那么无懈可击，反而我们每个人都处于上升期。

不知为什么，只要是面对韩国的队伍，我们的压力就特别大，更不要说是由 Faker 这个“大魔王”领军的队伍。团队从上至下都非常渴望能有办法减轻队员的心理负担，不断地给我们做心理建设，因为过去面对 Faker 真的输得太多了。

自 2012 年韩国职业电竞联盟（KESPA）组建了《英雄联盟》韩国职业联赛以来，韩国人一直是这个项目上的绝对王者。在那之后的 5 个赛季里，韩国一直牢牢占据着全球总决赛的冠军宝座。LPL 的队伍在世界性赛事上仿佛永远被 LCK 骑在脖子上，以致后来我们渐渐觉得夺取冠军是一种奢望。

我们不能否认，韩国在电竞方面的成功跟他们多年的大力耕耘密不可分，他们是电竞职业化的先行者。我记得在我很小的时候，已经常常听说WCG世界电子竞技大赛，这是当时全世界最具影响力的电竞比赛。那时作为WCG的东道主韩国，长期是几款最受欢迎的游戏的霸主，其完备成熟的市场运作体系为电子竞技提供了世界上最好的产业大环境。

在韩国，所有的热门电竞项目都会有自己的职业联赛。这些职业联赛与传统的体育职业联赛几乎没有太大的差别：成熟的组织者、规范化的赛事、职业的俱乐部，以及为数不少的粉丝。而让我觉得最可怕的是，他们有着非常出色的人才发掘和培养机制。就像《英雄联盟》，我们经常跟他们打比赛，有时会发现他们会有一些名不见经传的选手突然冒出来，实力强劲到不可思议 。就好像如今被誉为“世界最强上单”的TheShy（姜承録），这位天才出道时也并不怎么耀眼，但突然就成为你难以跨越的屏障。你之所以害怕，是因为韩国随时都会涌现出一批像TheShy这样厉害的选手。

老实说，S7时候的RNG确实是靠着Uzi带着整支队伍前行的，战队制定的战术也是围绕着他去做的，所以每当队伍出现问题，一般都是因为Uzi和小明的下路出了状况。也许是因为伤病复发等多种原因，当时在八强和四强战的时候，Uzi很容易会出现焦虑的状态。只要Uzi状态不稳，整个队伍就会打得非常乱。我记得四强战2:1领先SKT拿到赛点时，第四局我们打得太乱了，我说什么队友都没有反馈，搞到我自己也不知道应该干什么，手就会一直莫名地发抖。

打到第五局其实就不谈什么战术了，主要就是看心态。而且过去我们打决胜局就特别不稳，很容易紧张，教练赛前跟我们说的东西，基本没有听进去，最终被 SKT 3:2 逆转，止步半决赛，没法踏上北京“鸟巢”的总决赛舞台。这也许是我们，还有支持我们的粉丝心中永远的痛。那年的总决赛在“鸟巢”举行，大家都曾幻想过穿上印有国旗的队服，走进那个梦想的地方，这应该是极为骄傲的事情，可惜最终事与愿违。

不过现在回过头来看，说实话 S7 能打成那样已经相当不错了。因为在开赛前，LPL 三支代表队伍在武汉集训时，训练赛我们的表现是最差的。我记得当时是请了 IG 战队去武汉配合我们特训，开始的两三天，我们输得一塌糊涂。本来约了七八天的训练赛，后面几天就直接取消了，我们需要去做团建才能把心态调整过来。

IV

Letme

04

04

无论我是不是叫 Letme 我从不孤独

有一句话说得挺对的，“性格决定命运”。《英雄联盟》这个游戏讲求团队合作，里面一共有五个位置，分别是上单、打野、中单、ADC、辅助。我觉得最有意思的是，它不是让性格趋同的朋友聚集起来，反而是令性格各异的年轻人走到一起，既有不同的理念又相互尊重。其实你是一个怎样性格的人，就已经决定了你会挑选怎样的位置。

扫一扫，看采访

玩打野的人大多都有奉献精神，性格上比较谦让，会努力帮助队友在线上获得优势；喜欢玩中单的人性格一般都是比较自信的，喜欢秀操作，需要有比较高超的操作技术以及意识；玩 ADC 的人则必须能从容面对压力，有相当好的抗压能力，所以这类玩家的性格一般是头脑冷静的，能很清晰地去处理很多细节；至于辅助位置，喜欢玩的人一般是心思细腻，往往为了救队友而甘愿牺牲自己。

而上单，绝对是“召唤师峡谷”中最孤独的一个位置，上单也可以说是整个队伍里面对线压力最大的位置，很多人都不愿意玩上单。

上单通常在团战中站在最前面，主动吸引火力，什么事情都自己主动去承担，天生就是责任感很强的人。这样的位置很重要，但往往很容易被人忽略，因为在整个战局中，上单的位置和功能，注定他不会成为最核心的英雄。

他跟中单、下路的联系也很少，只能靠自己独自去应对。老实说，有时候我也觉得，胜负好像跟自己没有太大的关系。

每一个人都不会甘心当配角的，特别是血气方刚的年轻人。谁不想在那风云变幻的时代，体验指点江山的潇洒。电竞选手的职业生涯很短，从身体机能出发，一个电竞职业选手的职业生涯短则五六年，最长也不过十年。谁不想在稍纵即逝的职业生涯中站在最耀眼的位置，所以相对其他位置，玩上单的人应该是最少的。也许是这个原因，我国优秀的上单选手并不多见。

TheShy 天赋可怕，国产上单最怕“圣枪哥”

我们都知道，在《英雄联盟》中对于上单的定位有两种：一种是carry型上单，一种是抗压型上单。所谓的carry型上单，泛指以攻击和输出的战术操作为主，带动游戏的节奏，带领团队赢得胜利的成员。抗压型上单，顾名思义就是基本策略以控制兵线防守为主的成员。虽然他们同属上单位置，但在队内的资源占有和战术要求是完全不一样的。坦白说，要成为明星级的上单选手，只有carry型上单才有资格。

说到最可怕的上单，在我看来答案是毋庸置疑的，他就是IG战队的“大腿”级选手，ID叫TheShy的韩国选手姜承録。TheShy的ID是他小学六年级的时候取的，当时本来是想要叫TheSky，但是他把k打错成h了，后面他觉得没关系就一直用这个名字。虽然2017年他才崭露头角，但你完全看不出他是新人，他那种完美的压制力真的让你感到恐惧。

IG战队能在2018年获得S系列赛全球总冠军，TheShy真的是功不可没。其实如果要把“世界第一上单”的美誉放在TheShy身上，我觉得一点都不为过。他犹如ADC位置的Uzi。所有人都想成为他那样，但没几个能做到，包括我在内。

TheShy 的操作真的是一般人学不来的。我记得即便是在我最巅峰的 2018 年，只要对位 TheShy 都会感觉到压力，那其实已经是一种惧怕了。

不知道从什么时候开始，LPL 联赛的战队战术风格更倾向于后期的团战，这就导致上单选手越来越倾向于选用各种抗压型英雄，就是我们经常说的“坦克型英雄”，很少再会看到上单能在比赛中站出来 carry（支撑）队伍，大部分时候都是挡在队友的前面当肉盾扛伤害。在 RNG 最辉煌的 2017 年、2018 年，我们也是采取这样的战术，也就是很多网友经常调侃的“四保一”，保住 Uzi，把比赛拖入后期打团战。而 Flandre，也就是绰号圣枪哥的李炫君，是我认为 carry 能力最强的国产上单。

14 岁打上国服最强王者，成为国服最年轻的最强王者，15 岁打上韩服最强王者，还曾创造单杀 TheShy 的辉煌战绩，圣枪哥作为一名元老级别的上单，其实力毋庸置疑。可能很多人不知道，我职业生涯的第一场对战就是圣枪哥。那时候我发现我完全没法跟他对抗，简直就是完败。即便后来自己进步了，也取得了不少好成绩，但每次只要对战圣枪哥，我都会感到一种无形的压力。

2020 年是圣枪哥成为职业选手的第七个年头了，他在 LPL 征战也超过了 500 场，我一直都有特别留意圣枪哥的比赛。不过由于他所在的战队成绩一直都不太理想，这或多或少限制了他的发挥。2020 年的春季赛，他有一段时间沦为了替补，我以为他也将面临退役的选择。怎知经过几个月的磨砺，他又重新回到了那个熟悉的位置，再次用极为“风骚”的表现，证明他依然是 LPL 顶级上单之一，这确实让我佩服不已。

相比起圣枪哥，我觉得自己还是相当幸运的。像他这样厉害的选手，在普通玩家看来，因为所在的俱乐部成绩不怎么样，那么多年来也没有什么耀眼的成绩，甚至连 S 系列赛也没有参加过，没有在一个更高的舞台上展现过自己，这确实是挺遗憾的。而我虽然没有他这样的天赋，但好歹也在世界性赛事上证明过自己。

无论是职业电竞选手，还是传统体育领域的运动员，他们都有一个共同的特点：超越常人的好胜心。假如一个运动员没有好胜心的话，他们绝对不可能走到冠军领奖台。据我了解，carry 型上单比抗压型上单普遍好胜心要更强。就像圣枪哥那样，过去他是玩中单位置的，他的梦想是在对线时能击败韩国的“大魔王”Faker，可想而知他的好胜心有多强。

前浪，不被认可的孤独前行者

我们每个人都想成功，可是荣耀只属于小部分人，属于那些忍受得住孤独，耐得住寂寞的人。我觉得自己最幸运的，就是出生在了一个较好的时代，2014 年时电竞已经逐渐被社会认可，相反我们的很多前辈就没有那么幸运了。早年的电竞大环境，没有体系完备的赛事，没有成熟有效的规则，选手也没有稳定的收入，即便你是天才，即便你是全世界最顶尖的选手，也只能在看不到曙光的道路上过着朝不保夕的生活，选手退役之后几乎没有可选择的出路。我真的很佩服像马天元、“人皇”李晓峰（SKY）这些前辈，他们一个是中国第一个 WCG 世界总决赛的冠军，一个是卫冕 WCG《魔兽争霸》项目的世界第一人。他们生长于一个电竞不被社会主流认可的年代，即便取得了举世瞩目的荣光，也只能孤独地为着自己的梦想不断奋进。这样那样的压力，谁能承受得起？即便到了现在，他们依然能对电竞不离不弃，在孤身探索中经历了一次又一次的华丽转身。正是因为有这一大帮“前浪”的存在，才让我们这些“后浪”不会感到孤独。

二十年前，成为一名电竞选手绝对不会成为小孩子的职业梦想，因为社会和家长不会认可。我记得我是一年级的时候开始接触游戏的，那时候家里有一台电脑，大人们偶尔会打游戏娱乐。小孩子有时也会在旁边偷偷观摩。当然，哪有不贪玩的小孩，于是看着看着就喜欢上了。那时候我的学习成绩还不错，所以周末放假的时候，大人们也挺放心让我玩游戏。当时我主要玩的是《红色警戒》《魔兽争霸》这些即时战略类游戏，也是当时电竞圈最火的几款标杆作品。

因为游戏是以玩家为绝对中心的，玩家的喜好能随时左右游戏未来的走向，所以电竞选手确实是一个具有非常大不确定性的职业。老实说，万一你主力在玩的这款游戏突然不受欢迎了，或者说有一个更受欢迎的游戏出现将之分流了，那你打得再厉害也没有用，而且这是你个人完全无法左右的。就像当年我跟一些小伙伴本来主要是玩《DOTA》的，但《英雄联盟》的出现让很多人突然就转去玩了，我就只能被迫也一起玩了。

可能我在游戏这方面真的有些天分，很多大人后来就发觉，他们即便常常玩，也已经没有办法打得过我这个只是偶尔站在旁边看的小学生。随后他们仿佛也对我的能力产生了好奇，也更加放任我去玩游戏。而我也许是在这儿获得了成就感，也对游戏变得越来越沉迷。此时，最反对我玩游戏的人出现了，他就是我的爷爷。

扫一扫，看采访

曾经爷爷是我最讨厌的人

我从小是跟爷爷奶奶一起生活的，老实说，管教方面也不算太严。爷爷，用现在的人的话来说，就是一个比较传统和老派的人，也好面子，时常要保持一种家长式的威严，对待小辈永远是不假辞色。要说我小时候最害怕的，就是我爷爷。当爷爷知道大人们放任我玩游戏时，他极力反对。记得有一次我在家里偷偷玩游戏，刚好被爷爷看见了，他二话不说，竟然把整台电脑摔烂了。我当时真的非常害怕，因为那台电脑是我叔叔的，我怕会被叔叔责备。自从这次以后，我就不敢在爷爷面前玩游戏了。

也许一开始

你只是惧怕一个人

但到了一定程度之后就会变成讨厌一个人

其实我知道爷爷做的所有事情，包括不让我玩游戏，出发点都是为了我好，而且他对我真的是特别关心。到现在我才明白，我可能是他所有的孙子里最疼爱的一个。但那时我刚好上初中，十二三岁，是最叛逆的时期，经常我行我素，无论大人们说什么，只要不爱听的，就什么都听不进去，而且还会时常顶撞大人。那时候的我，心里有一个特讨厌的想法，就是想方设法地不跟爷爷待在一起。我记得有时候周末放假，爷爷会做好早餐，然后叫我们起床去吃，我就会想各种理由不去吃早餐，目的就是不想见他。

坦白说，过去因为电竞还没有得到社会的广泛认同，大多数人始终抱着“玩游戏竟然也是工作”这样的疑虑，那么多年下来，我还真没有听说过有家长是对自己的小孩参与电竞表示支持的，最后要不就是妥协，要不就是小孩真的取得成绩后，才逐步改观。我爷爷的想法和做法，其实代表了当时大部分家长的主流想法和做法。

作为勇敢追梦的年轻人，我们的电竞之路始终充满了孤独与辛酸，饱受异样的眼光。我们不奢望被接受，只希望不要有偏见。

现在我对爷爷只余愧疚

我曾经以为只要我见不着爷爷，我的每一天都是快乐的。但原来当我真的永远见不到他时，我的每一天都是愧疚的。

爷爷从发病到离开，时间很短，应该不到一年，癌症晚期。那时我读初中，我看着他从一个本来五十多岁的人，突然变成一个像七十多岁的人，那种心酸真的难以形容。当一个人终于知道什么叫作无法挽回时，才明白过去的自己有多么不懂事。

那时候，我曾幻想过自己某一天，能够像游戏里的人物一样，拥有特异功能，可以把爷爷的病治好

但很遗憾的是，虚拟世界与现实世界最大的区别就是事与愿违

爷爷去世之后，基本也没有人管我玩游戏的事了。如果我爷爷不是那么早就因病离去，那么我的人生轨迹应该会发生很大的改变。以我爷爷的性格和作风，他绝对不会让我走职业电竞这条路的，那么 Letme 也不会存在了。有时回想起来，假如我真的没有走进电竞圈，我现在到底在干吗呢？能干吗呢？世上并没有那么多的如果，万一有一个如果，爷爷安然无恙地继续陪伴着我成长，即便没有了 Letme，也是挺好的。

奶奶，我最重要的支持者

前面也曾经说过，我从海南去东莞是先斩后奏的。也就是说在做决定时，我根本没有告诉奶奶我的真实想法，她以为我只是去旅游而已。但后来当我稳定下来，如实告诉她我想当职业电竞选手的想法之后，奶奶的第一反应当然是担心，她能做的就是劝我回去。

老实说，奶奶是陪伴着我一起长大的。自从爷爷去世后，我就更听奶奶的话了，仿佛把过去对爷爷的爱与愧疚，通通投射在奶奶身上。当时我真的很纠结，一方面，一同前往东莞的小伙伴已经被家人劝回海南继续学业；另一方面，我真的很想在职业电竞这条路再往前一步。其实奶奶由始至终都不懂什么是电竞，也不能完全明白年轻人在搞什么名堂，不过那么多年来，她从来没有打击过我追梦的信心，只要我喜欢，她始终是无怨无悔地支持。在她看来，小孩子能够时刻陪伴在身边就已经足够了，其他的就让其随风而去吧。

在奶奶的眼中，无论是过去还是现在甚至未来，我永远都只是小孩。每次她打电话给我，最担心的就是我吃不饱、睡不好，饮食不规律。当时她就跟我说，假如我真的想回去，让家里人帮我买机票就好，奶奶的家始终是我最好的避风港。每每听到她这样说，我就控制不住自己的眼泪。自从我成为职业电竞选手后，家里人也开始逐渐尝试去了解我的职业，包括叔叔、表姐等也会时常去看我的比赛直播，以前他们把我当小孩，指责会多一些。但现在就不一样了，开始把我当大人看待了。2017 年，奶奶也曾和一些亲戚朋友到现场看过我的比赛。她跟我说，虽然她看不懂，但跟其他粉丝一样，欢呼就好。

追梦之路从来都是冷清的

《英雄联盟》是全世界玩家最多的电竞游戏之一，全球月活跃玩家超过 1 亿人，其中中国玩家占比超过一半。不过当中能称得上是职业选手的，真的是凤毛麟角。职业选手的游戏操作和意识配合水平，业余玩家是很难达到的。尽管职业选手和业余玩家对游戏的态度似乎有所不同——一个视为谋生手段和终身事业，一个视为娱乐消遣，但是他们对于游戏的热爱是一样的。

每个夜深人静的夜晚，电竞选手的常规操作，就是孤独地训练。你很难想象，一个个只有十来岁的年轻人，是怎样用信念支撑自己每天训练到凌晨两三点的。难道每天十几个小时的训练，就只是为了能够在比赛场上打出那一次极限操作，就只是为了能够在逆风局极限翻盘，就只是为了面对紧张局面时能够冷静下来吗？

正是因为热爱，电竞这个圈子从它建立的那一刻开始

所有人的目标只有一个，就是冠军

一次次的失败，一次次的独处

才能让我们每个人咬紧牙关，变得更为强大

这几年一个人在上海打拼，老实说刚开始时确实会感到孤单。特别是跟我一同从海南出来闯荡的振宇回去之后，那种孤单感尤为强烈。因为到了那个时候你才发现，你真的只剩下自己一个人了，根本没有人可以跟你分享喜与忧。当然除了“独在异乡为异客”外，有时候经济上的窘迫、成绩上的压力，也会导致你倍感孤独。我记得队伍晋升到 LPL 之后，俱乐部送给我们每人一台新手机。那时对于工资只有几千块的我来说，这真的是一笔“巨额奖励”。但非常不走运的是，有一次我们几个队员出去吃饭，我把手机弄丢了，当时我真的觉得自己很惨，感到很绝望。队友安慰我说：“不就是一部手机嘛，再买就是了。”说起来容易，但对于独自一个人在外闯荡，经济极为拮据的我来说，这真的是一件惨案。当时我又不敢打电话回去跟奶奶诉说，一方面害怕她担心，另一方面她肯定会再次唠叨让我回去。没有人可以帮我分担压力，想着想着竟然就在宿舍房间里放声大哭，那时的我感到极为孤单。

还有一次，我记得是 2015 年的年末，那年因为回海南的机票实在太贵，我选择待在上海，没有回家过年。真的是应验了那句古话，“每逢佳节倍思亲”。我从来没有对回家有过如此强烈的渴望，当时我真的觉得好像被全世界抛弃了，每天吃着冰冷的外卖，那个春节过得极为漫长。好在当时俱乐部还有两个人也没有回家，大家相互扶持照应，不然真的不知道怎样熬过去。

虽然我2015年已经来到上海，在这里生活了五年，中途也很少回去万宁，但我到现在依然对这个中国电竞产业的中心城市相当陌生。电竞选手的生活其实挺简单的，俱乐部、赛场、居所，三点一线，一年里有近300天，不是训练，就是比赛。老实说，我连东方明珠这个上海著名的地标都没有认真看过。这几年我也到过全世界很多地方比赛，法国、德国、韩国等，也许有不少人会羡慕。但对于职业选手来说，我手上连去著名景点“打卡”的照片也没几张。如果你加入的队伍气氛融洽，教练、队友、工作人员能相互视为朋友，大家都是年轻人，又有着共同的爱好和语言，那么就能快速地消除孤独感。万一俱乐部的气氛不是太好，交不到知心的朋友，那么孤独感只会愈发严重。庆幸的是，我待过的地方，里里外外始终都是一个团结的大家庭。

如今电竞圈的关注度虽然还赶不上娱乐圈，但是说起电竞圈的是是非非，一点也不少，很多不了解的人甚至会将之妖魔化。坦白说，电竞选手的性格大多是比较内敛的，社交能力也一般，不怎么爱说话，很容易给人带来不好的印象。但其实玩电竞的人，无论是男生还是女生，都是很单纯的，可能有时内心会较为敏感一点，较为容易有大幅度的情绪波动。只要你主动去跟他们交流，大部分人肯定也会愿意跟你聊。大家都有共同的兴趣和目标，在电竞圈你是很容易交到朋友的。

这是电竞最好的时代

要成为一名成功的电竞选手

其中最重要的一点就是纯粹

就像“大魔王”Faker 一样，从选手到观众，他已是大家公认的 LOL（《英雄联盟》）第一人，能拿的冠军都拿过了，但功成名就的他到现在依然是训练最刻苦的选手之一，从来不会因为之前的成绩而自我膨胀，每天都想着为队伍争取更多的荣耀，为这个游戏开拓更多新的可能。也许只有最执着的纯粹者，才能给电竞带来新的定义。

一个电竞选手获得成功的因素

除了好胜心、纯粹

还有一样东西很重要

那就是好运气

跟很多孤独开拓、白手起家的前辈相比，我们生活在电竞一个好的时代。以前你有实力不一定就能成为电竞选手，现在只要你真有实力，就肯定能被俱乐部挖掘出来。如今的电竞职业联赛有了完备的竞赛体系和规则，比赛场地从过去的小网吧、小商场搬到了大型的体育中心，舞美灯光不亚于大型的演唱会，从最开始的第三方企业赞助模式转变为游戏厂商自主运营，成为年轻人的联欢派对，也是他们生活和社交的重要组成部分。正因为联赛逐渐标准化、职业化，也催生了大大小小规模不一的俱乐部，围绕着赛事和俱乐部，也诞生了很多功能不一的电竞职业。所以当你说到电竞，光提到选手与战队其实是极为片面的，无论是观众、基础玩家、游戏主播、电竞解说，还是幕后的游戏制作人员、电竞媒体、电竞研究者等，他们是环环相扣紧密联系在一起的，这样才会出现如你所说的“电子竞技”。

电竞俱乐部是借鉴传统体育俱乐部的模式组建出来的，在最初的“洪荒时代”，可能就是几个志同道合的年轻人组个队伍打比赛，有个人管管后勤就叫俱乐部了。但随着电竞市场日益壮大，还有外出交流多了懂得借鉴，俱乐部才开始变得越来越专业。

当然，中国很多大型电竞俱乐部的崛起，离不开投资，最初是对电竞极为热爱的投资商大手笔投入，不用考虑如何去盈利，只单纯地追求成绩。但现在，这些俱乐部已经在参考传统体育俱乐部的方式运营，围绕电竞本身的特性，探索出不同的盈利模式。现在电竞俱乐部所呈现出来的职业化水平已经到了让人叹为观止的程度。

就拿我所在的 RNG 俱乐部为例，我过去当选手的时候还没有接触到那么多，现在退役了反而会跟很多不同部门的人打交道，我才体会到俱乐部运作的专业。总体而言，一家大型俱乐部按职能大致可以分为赛训、业务和行政三个部门。当然最基础、最核心的就是赛训部，即我们通常所说的战队。围绕战队的核心队员，俱乐部会相应配置不同功能的人员，包括领队、教练、替补队员、数据录像分析师等。有的俱乐部可能还会根据选手个人特点与需求，配备相应的专业人员，例如心理辅导师、营养师、理疗师，而且很多俱乐部并不只是专注于某个游戏，可能同时在多款电竞游戏上同步发展，像 RNG 那样就有 10 款游戏的分部，那么这个赛训部门的规模就会相当庞大。

这几年，很多俱乐部越来越注重自身的青训体系发展。因为随着选手转会费的水涨船高，在俱乐部看来，培养自己的青训人才好像更划算一些。他们在挑选后备人才时，除了考虑操作技术、天分潜力等专业素质外，甚至还会给青训选手做性格分析测试，看看他是一个什么样性格的人，是否值得大投入去培养。

我觉得在战队中，除了选手外，有两个角色是至关重要的，其中一个就是领队。他每天的任务就是管理战队的各项工作，密切关注行业动态，做到每个细节都让选手们满意，可谓是整个战队的管家。而另外一个重要的角色就是教练了。教练的任务就是保证整个战队的竞技状态。他们每天要看很多比赛录像，并且通过录像分析战术，找出训练问题，提供解决方案，而且还要不断研究新版本游戏的特点，为团队探索出更多的战术可能。在这里，我真的要感谢 2017 年 RNG 的教练团队，当时我刚从二队调回一队，承受着巨大的压力。假如不是他们对我的鼓励，我也许迈不过这个坎。

教练

也许是电竞中最辛苦的岗位

BP是电竞中的一个比赛术语，是ban和pick的简称。ban意为禁用，pick意为挑选。在比赛开始前，比赛双方需要通过若干轮的禁用和挑选英雄，最终确定本场比赛对决的阵容。在《英雄联盟》里，BP时刻是非常重要的，也是教练能力的重要体现。他们平时就要摸索不同的阵型和战术，BP时根据对方的作战习惯，尽量阻挠对方组建优势阵型，同时布置出能发挥己方优势和克制对方的阵型。在很多电竞爱好者看来，每次比赛开始前，教练在台上的BP时间只有几分钟而已，但你们可能不知道，他们为了这几分钟，已经准备了很久。

过去，在《英雄联盟》刚兴起的时候，国内很多战队都不太重视教练这个岗位，那时候的教练其实就是一个“保姆”，负责选手们的吃喝拉撒，让选手们练得舒服，玩得开心。但后来随着职业化的程度越来越高，教练要承担的工作就越来越多。现在战队的主教练，除了需要兼顾之前的生活类工作外，还必须在训练赛中及时收集己方队员的状态信息，对于已经出现的问题及时发现并且制订计划督促选手改进。对于版本更新中所涉及的一切数据进行统计、分类，从而达到有预见性的版本阵容选择，制订出适合当前版本的战术体系。同时还要熟知和掌握所有队员的英雄池以及个人风格，根据版本指定某些英雄让该位置队员勤加练习。此外还会收集其他俱乐部的队员信息，在训练赛中发现对方习惯性选择阵容以及选手短板，制订出相对应的克制战术。如果一些规模不算大的俱乐部，没有聘请心理辅导师，那么，教练还要兼职心理疏导工作，及时安抚队员的不安情绪并加以鼓励。之前有人曾建议我不打职业比赛时，可以尝试去当教练，但我思前想后，觉得当教练真的太辛苦了，可能不太适合我。如果你只是想混日子那么无所谓，但如果想做好这份工作，需要担的责任太多，我真的怕自己无法胜任。

教练工作量繁重，但收入比起电竞解说、游戏主播来说，又完全无法比拟，所以导致到目前为止，国内愿意当教练的人还是非常少，一些大俱乐部为了成绩，还是更愿意聘请韩国的教练。这一话题，包括是否应该请外援，一直都存在大量的争议。

教练真的没有那么好当，要做的也不只是 BP 那么简单，还需要挖掘每个队员的潜力，组合他们的风格，没有一个教练能做到面面俱到，所以现在的战队大多流行组建一个教练团队，每个人有各自擅长的分工。有的教练就是专注在 BP 上，他们除了需要去看很多比赛录像之外还需要去研究游戏版本的变化、各英雄能力的变化，还要去观察一些主要对手的战术。有的教练则把重心放在战术指挥方面的推演。老实说，这方面没有什么秘密可言，真的就是靠天分，完全靠教练个人的游戏触觉。当然，还有一些教练会擅长其他工作，例如复盘、心理辅导等。复盘做得好的教练，很容易就会帮助选手解开困惑，让人豁然开朗。能够一边兼顾 BP 一边兼顾其他工作的教练可以说是凤毛麟角，反正我自己没有见过。

教练，他们把所有时间都给了我们

2017 年春季赛，当时我刚回归一队没多久，不仅迷茫，还不自信。在没有比赛时，即便团队不训练，我也会在那里独自苦练。但人就是这样，你越孤独，就会越迷茫，使劲的方向错了，就会越使越不对劲。这时候，我知道自己需要休息了，并且需要在一个安静且暂时远离电竞的地方休息。但那时俱乐部的管理相当严格，没有合理的理由，选手是不能擅自离开的。当时教练们却为了我这个队伍中最“人微言轻”的队员开了绿灯。他们非常明白我的心理障碍在哪里，也知道应该怎样去帮我疏导负面的情绪。在他们看来，我的能力是绝对配得上我的位置，缺的只是心态。刚开始我在比赛时基本是不说话的，塔被推了队友也不知道，赛后复盘也不怎么会表达意见。那时他们每天都会做的一件事情，就是鼓励我多说话，鼓励我把想法说出来。我记得那段时间，每一把训练赛他们都站在我后面，不停地对我说：“说话啊，说话啊！”正是他们的勉励，让我逐步在团队中找到了自己的位置。后来网友们不是戏称我是 RNG 的复读机吗？这技能应该是当时被迫练出来的，让大家见笑了。

之前也说过，当电竞教练真的太累了。你要知道一个顶级的职业战队，一年下来可能要打超过 200 场比赛，可以想象教练每天的工作除了围绕着选手转外，基本没有空余时间去处理其他事情。每天只睡五六个小时成了常态，而“错过”也成了他们生活中最主要的名词。

我不在意你们在意的

众所周知，体育比赛是世界上最热血的事之一。它告诉我们要拼搏、要坚持、要谦虚、要感恩，只有脚踏实地，一步一个脚印，你才有可能触碰到那个至高无上的顶点。

一代人有一代人的热血。过去陪伴我们青春的是足球、篮球，现在也许还多了电竞的位置。无论是《星际争霸》《魔兽世界》，还是《DOTA》《英雄联盟》，都折射着电竞人无畏前行的热血青春。不过电竞的这腔热血跟传统体育不同，它们还会时刻打上科技创新的烙印。当游戏变成了工作，电竞才有了选手。

电竞选手其实是互联网高速发展催生出来的职业，在某些人看来，既然是网络将电竞选手捧起来的，那么电竞选手就要时刻预备着承受网民的谩骂与攻击。我们的粉丝基本都是存在于虚拟世界，而虚拟世界一个最大的特点，就是无孔不入。电竞选手的一言一行，其实跟“裸奔”没有太大的区别，仿佛任何的举动都会暴露在别人面前。老实说，没有人会不在意别人的评论，而且这些评论会经常对他们造成很多不同的影响。我以前也是一个非常在意粉丝评论的人，只要哪天看到一句他们不满意的嘲讽，晚上可能就会彻夜难眠。但在这个圈子混久了，所有的在意都会慢慢烟消云散。

电竞还年轻，我们也正年轻

正因为年轻，所以才有问题，试问谁的青春没问题？当我们试图给年轻人打标签的时候，才发现其实他们没有标签，因为很多事情还来不及定义。中国电竞的诞生充其量也就二十年，前十年战战兢兢，我们渴望答案；后十年意气风发，我们堆积问题。也许下一个十年，应该轮到我们与自己的青春来一次和解。

年轻的电竞圈有很多不合理的乱象，也有非常多不可思议的地方。很多电竞选手常开玩笑说，其实他们跟现实世界好像没有发生过太多的联系。网络的虚拟世界，才是他们真实的生存环境。你无法想象目前国内的网络环境有多恶劣，那些数以亿计的“键盘侠”和“喷子”，好像早将异常的网络暴力变成他们的娱乐常态，到处充斥着各种谩骂，乌烟瘴气。而且这些谩骂大多是非理性的，所谓“一天黑，一生黑”，长期的不认可和有意抹黑，常常给电竞选手造成巨大的压力，从而产生一些负面的情绪，影响正常的比赛和生活。

我是在谩骂中活过来的

我五年的职业生涯，说真的，好像能得到网友赞扬的时间并不多，直到我退役之后，才有幸看到一些正面的评价。我之前也说过，2017 年春季赛我刚回归一队时，状态起伏不定，我真的连直播都不敢开，处于一种“自闭”的状态。你想想，假如你在比赛时跟打野选手对线都打不过，那是一件多么难堪的事情。你更无法想象，那些坐在电脑前的观众，会用什么样的言语去攻击你。那时我确实就是整个 RNG 粉丝负面情绪的发泄口，只要输掉比赛，迎接我的就是恶毒的谩骂。后来在教练的建议下，我才陆续减少了对那些网络恶毒言论的关注，也开始懂得怎样去处理别人的评论。即便到了 2018 年，我们的成绩那么好的时候，那些“黑粉”的攻击也从来没有停止过。特别是在打季中赛这些重要的国际比赛时，比赛压力大到有时会让你崩溃，这个时候假如你真不注意，看到一些恶意的评论，哭到收不住是家常便饭，基本上所有职业选手都有过这样的经历。

正因为电竞圈与娱乐圈有高度重合的地方，所以电竞圈也形成了一种不太好的“饭圈文化”。所谓“饭圈”，简单来说就是由追星粉丝自发组成的有组织、专业化的利益圈层，有时候能量大到不可思议。本来我觉得这也不是什么不好的事情，粉丝们投入更多的时间、金钱和精力，支持自己的偶像变得更好，也是挺正能量的。但这个圈层是以偶像为中心形成的，也就是说他们的偶像就是全世界，如果外人敢发表一些“不同”的观点，饭圈的“反黑组”就会大张旗鼓地在各大平台把他骂到狗血淋头。这样的行为，往往会导致跟你唱反调的一方迅速崛起，形成无休止的对峙。这种“饭圈文化”最为可怕的地方，是当中很多人并不是真的热爱电竞，或者说并不是想去了解电竞的文化，他们可能更热衷谩骂威逼。当这种情况变成了一种常态，似乎不骂几个人，就证明不了对偶像的热爱，就证明不了自己的高级。那么最终受伤最重的，可能就是选手本身，甚至是整个电竞产业。

Uzi 接受退役采访时说过一些话，让我触动很大

“你可以不支持他，但你不要加入讨厌他的行列”

未来，无论是电竞圈还是别的领域，我希望真的能多点理解和善意。要说 Uzi 这样一个天赋型的选手，从职业的角度来看真的是无法被黑的，我从不认为有比他更厉害的 ADC，即便现在也看不到。他出道的时候是 LPL 最混沌的年代。那个时候，整个 LPL 联盟都被韩国的 LCK 联盟压着打。LPL 用了五年时间推翻了 LCK 的压制，Uzi 始终是战斗在最前线的那一个。这样能代表一个时代的选手，竟然也被一帮“黑子”骂了快八年，心要多大才行。

•RNG 队员宣传海报

我知道 Uzi 其实是很在意外界的评论的，包括小虎、小明也是，只是没有表达出来而已。作为一个战队的绝对核心，他不应该长时间暴露在这样的舆论环境面前，不然会对整个战队造成致命的影响。所以到了后来，我主动站了出来，承担更多的指责。

“赢了他的功劳，输了我的锅”

这绝对不是一句晦气的话，我真的希望自己能在队伍中担起这份责任。一方面，我是从谩骂中活过来的，心理素质不敢说有多高，但肯定是整个队伍中最好的。另一方面，只有这样，才能分担队友更多的压力，队伍才能更好地往前走。

跟钱相比，我更在意未来

没有人不在意钱，我也不会自命清高。只不过跟钱相比，我觉得未来更重要。我这里说的未来不仅仅是聚焦于个人，很大程度上是放眼于《英雄联盟》的职业联赛本身。

近年来，电竞行业确实很火爆，电竞选手也被贴上了“能赚很多钱”的标签。动不动就说电竞选手年薪过千万，几年就赚了普通人一辈子要赚的钱。我承认顶级俱乐部的一些核心队员，一年下来确实收入不菲，但绝对没有传说中那么夸张。而且目前电竞选手的收入两极分化严重，并非所有的选手都风光无限，真正能拿到高薪的只是极少数人，还有很多在二三线俱乐部上挣扎，每个月也就拿着四五千的工资，生活上入不敷出，而恰恰他们才是整个电竞职业选手群体中的绝大多数。就好像当年的我一样，一开始也只是在次级联赛上才有表现的机会。但老实说，平时喜欢看电竞比赛的观众，又有多少人会去看次级联赛。假如后来我不是靠着努力和运气走到那个位置，很有可能熬不下去，最终选择放弃，重新思考一条新的出路，但几年的努力就付诸东流，青春白白浪费。

很多人形容电竞是一碗“青春饭”，真正能品尝到个中滋味的，只有那些能坐上“舞台饭桌”的宠儿，而那些不被聚光灯所宠爱的电竞选手们，更会对未来感到迷茫。职业选手面临的竞争实在太大，有着超过 95% 的淘汰率，而很多时候你不是被别人淘汰，而是因为长时间没日没夜重复训练、一些苛刻的职业标准让你失去了游戏的乐趣而自动放弃。

而且坦白说，我对目前电竞行业的一些状况是担忧的。拿一些电竞相关工作者的收入做对比，你就会发现很多不成熟、不健康的地方。一个最明显的例子，电竞比赛解说、直播平台主播比大部分的职业选手收入都要高。这会导致什么结果？未来岂不是没有新人愿意当职业选手了？收入比不上别人，还要接受严格管理，职业寿命又不长，新人只会越来越少。一个职业联赛，没有了选手，何谈未来？

任何电竞游戏项目都是有寿命的，而且更新换代频率极快，你也不知道这款游戏什么时候就会突然不流行，这是你无法左右的事情。而且随着电竞项目的增多，电竞冠军的贬值速度也在加快，万一《英雄联盟》这个游戏未来没有人玩了，那么我们这些退役选手又有什么价值呢？

说到这里，我想大家应该也能明白我在意的东西。当我还是职业选手的时候，我的目标其实很简单，就是不断提高自己，拿到好成绩，争取站上最高领奖台。一个很现实的原因，一般俱乐部在与选手签订的合约里面都有“拿到成绩要涨工资”的条款，拿成绩就是职业选手自我增值的最好途径。

我不在意比较，也不在意虚荣

更不在意我能出现在个人排行榜的哪个位置

最重要的是团队的胜利

我能为团队的终极目标牺牲一切

而我退役之后，依然做着与电竞相关的工作，我更在意的也许就是整个联盟的未来。我记得在 2017 年的时候，LPL 就考虑要大刀阔斧对联赛进行一些重要的改革。当中最重要的一点，就是取消升降级的制度，并将原来集中在上海的 LPL 俱乐部逐渐分散到全国各地，未来的联赛将形成主客场的文化。主场的队伍从而拥有了自己的地域属性，能产生地域感情、荣誉感，并拥有更多忠实的粉丝，这样就可以照搬传统职业体育俱乐部已经很成熟的运营模式。这对于 LPL 未来的发展是非常重要的一步，因为这样做可以让目前已经逐渐饱和的《英雄联盟》受众人群得到进一步拓展。

过去大家对职业选手的职业生涯的定义，大多是他们上场打比赛的这段时间。但其实，只要这款游戏兴旺不衰，很多退役的选手在很长的一段时间内，跟这款游戏还是密不可分的。只要自己足够努力，我们的职业道路还是能继续散发耀眼的光芒。

我不在意被俱乐部“欺负”

电竞俱乐部要向传统体育俱乐部看齐，但又不能完全照搬。过去当职业选手的时候，我对很多跨领域的事情是不太了解的，也没有什么偶像，也不会去追星，经常听到很多人说什么“爱豆”，就一脸懵，但退役之后，反而跟泛娱乐圈、潮流圈、传统体育圈有了更多的接触，也了解了许多过往不懂的事情。近十年来，中国娱乐文化产业发展迅猛，催生了数不清的偶像，我发现明星粉丝和电竞粉丝这两个粉丝群体的重合度很高。也许正是因为这个原因，让电竞跟传统的体育项目既有相似的地方，又有不同之处。

俱乐部，是一个从传统体育领域借鉴过来的名词。目前世界上最受欢迎的主流体育赛事模式，基本是以俱乐部的形态组建的。传统的体育俱乐部，虽然也是以粉丝经济的概念构建他们的商业模式，但其粉丝对俱乐部的忠诚度是相当高的，也会有归属感。而电竞的粉丝群体因为大多比较年轻，而且更崇尚以偶像为中心，所以老实说，即便现在已经有了很多大大小小规模不同的俱乐部，但要说俱乐部本身真的有很多忠实的粉丝，我对这种说法是有所保留的。就像很多网友平时也常争论一个话题：假如之前 Uzi 转会离开，RNG 的粉丝会不会少了一半？我们没办法预测没有发生的事情，但也从侧面看出来，电竞的粉丝对选手个人的忠诚度也许比对俱乐部还要高。

“总有人在老去，也总有人正年轻”，用这句话来形容中国电竞俱乐部的更替，我认为非常适合。在 2013 年之前，有不少电竞俱乐部处于半死不活的状态，很多时候完全是靠有着一腔热情的创始人的坚持。2013 年，《英雄联盟》开始风靡全球，让许多俱乐部有了起色。因为这款游戏玩家多，影响力大，一些有成绩的队伍获得赞助的概率比之前高了许多。而且随着很多“资本家”进军电竞行业，电竞俱乐部有了“军备竞赛”的苗头，电竞选手的影响力也跟着水涨船高。

你们不要看现在很多顶级俱乐部好像混得风生水起，其实真正能盈利的没几家。中国很多电竞俱乐部在起步阶段都有共同的特征：没有成绩，没有人才，也没什么影响力，靠的只是投资人的资本支持。当然，没有一个老板愿意做亏本买卖，说到底他们也是想赚钱的。不过电竞这个行业真的不能操之过急，必须坚持个三五年，累积了一定的粉丝并取得了一定成绩才有变现的可能，很多小俱乐部就是因为坚持了一段时间后看不到前景就放弃了。一个再怎么节省的职业队伍，一个月花费至少也得十万元；条件较好一点的一线队伍，一个月开销至少得二十万元；至于顶级的战队，由于队员的薪资较高，还要配合一帮媒体宣传、商务推广的业务人员，每个月的支出就是天文数字。

而跟传统的体育俱乐部类似，赞助商的广告、赛事门票的销售、战队官方周边店的销售、直播平台的分成、商业活动营销就是俱乐部的主要收入来源，而比赛奖金通常是用来提高选手的收入，一般俱乐部并不会在其中抽取太多。与此同时，在营销策略上电竞俱乐部也跟传统体育俱乐部有较为明显的不同。电竞俱乐部相当注重与粉丝互动。就拿我的俱乐部RNG为例（我也是在退役之后，偶尔去现场看比赛才发现，对粉丝来说，电竞俱乐部真的是超级暖心)，主场门票50~80元(这绝对是超级良心价)，外场大屏幕能免费看比赛，下雨天工作人员打伞送粉丝到地铁站，粉丝生日会送蛋糕，端午节还给粉丝发粽子。试问有多少俱乐部能做得到？一方面，这确实体现了俱乐部对粉丝的人文关怀；另一方面，也反映出俱乐部深知粉丝运营的重要性。现在有那么多品牌之所以愿意赞助电竞赛事，赞助电竞俱乐部，很重要的原因是他们发现通过这样的商业合作，可以找到与电竞粉丝沟通的机会，从而产生品牌与用户的连接点。

顶级俱乐部大都面临一个困扰，那就是明星选手的工资支出让他们的成本始终居高不下。一家俱乐部商业价值的高低，取决于受关注度的大小，而明星选手正是给俱乐部带来关注度、带来流量的主力。俱乐部、选手、粉丝三者紧密的关系，催生出了一个非常有争议的话题：电竞选手与电竞俱乐部谁才是老大？在传统的观念里，当然是俱乐部主导一切，选手没有太多的话语权。不过细心研究，电竞圈的生存法则好像比我们过往所了解的体育项目都要残酷。没有成绩，一切归零；没有粉丝，寸步难行。在很多粉丝看来，他们喜欢的选手不应该被俱乐部局限和左右。老实说，我觉得这样的想法是不太妥当的。电竞发展到如今这样的规模，假如你们真想做好这个行业的话，我觉得每个人都应该对规矩有敬畏之心。

刚才也提到了，电竞选手与电竞俱乐部应该是一个相互扶持的共生关系。我们必须认识到，电竞选手是一个风险很高的职业，即便你是最顶尖的选手，也没有人敢保证你不会受伤、不会被超越、不会状态不下滑，俱乐部的存在其实是降低了选手的职业风险。也许在你困难的时候，它会成为你最坚实的依靠，这是粉丝无法给予的。而且我们也知道，现在的俱乐部之所以不赚钱，是因为还没建起成熟的商业模式。如果我们永远只是想着自己的利益，俱乐部撑不下去了，那么对于整个行业都是致命的打击。

当然，你们可以反驳我，世界上很多体育俱乐部都是不赚钱的。对，你们说得没错，我不否认这个事实。但这些俱乐部所在的联盟已经拥有了很高的商业价值，单纯联盟的收入分成已经足够支持它们的基础运营，同时它们也运用了很多不同的商业手段，这是如今《英雄联盟》的联赛所不能达到的。很多粉丝常抱怨，他们喜爱的选手好像经常要跟俱乐部签下许多“不平等条约”，连去哪里直播都没有选择权。但你反过来看，俱乐部保障了选手的生活，选手贡献一些价值，也是理所当然的。对于我个人来说，我从来不在意被俱乐部“欺负”。《英雄联盟》的比赛是 5 vs 5 的团队作战，俱乐部有一整个团队配合你去探索、去开拓，难道不是比你单打独斗更有效率吗?

V

Letme

05

05

我不仅是 Letme 我还是严君泽

Letme 终将代表过去，未来的路始终还是要严君泽去走。在我的认知当中，Letme 爱学习，不服输，抗压能力强，也很勤快，甚至你认为他疯狂也不为过。至于严君泽，卸下职业选手的光环后，则有点懒——我希望自己能改掉这个毛病。

•2018 年 RNG 年会上的严君泽

退役之后我曾给自己放了一段时间的假，回海南探望了一下奶奶和过去的小伙伴，看能否找到一些遗失的时间。不过时间，永远是向前的，丢失了就无处可寻。我发现奶奶真的老了，脸上多了不少斑，怪让人心疼的。小伙伴们则没怎么变，但因为很长时间没见了，或多或少有点生疏，说话也变客气了，不过还好感情依旧。我们还相约一起去打游戏，缅怀当初无忧无虑的日子。玩什么游戏无所谓，不过当他们提出想我带他们上上分时，我断然拒绝了。打了那么多年的《英雄联盟》，休息的时候真的不想再打了。过去当职业选手的时候同样也有这样的感受，只要不是训练，不是比赛，绝对不会碰《英雄联盟》。估计你们很难想象什么叫作打游戏打到想吐。这时候的我，对游戏真的谈不上有多喜欢，电脑屏幕上的只是一份工作。现在慢慢离开了赛场，只是偶尔玩玩，好像又找回了当初对游戏的那份纯粹的喜爱。

刚退役的那段时间，我对未来其实是没有任何规划的，我不知道应该从哪个方向着手。主播？解说？我不抗拒，只要有机会给我，我就会去尝试。

•严君泽日常宣传照

我庆幸虽然严君泽比 Letme 要懒，但依然喜欢学习、喜欢钻研，希望自己变得更好，而不是在漫无目的地混日子。

职业选手退役后其实能选择的路并不多，缺少其他专业知识作为支撑，很多行业就会将他们“拒之门外”。读书，是一个具有吸引力的选项，也是如今讨论得最多的话题。包括我自己，也经常被人问要不要重回校园。我只能说，“愿望很丰满，现实却很骨感”，实施起来困难重重。

首先，很多电竞选手只有初中学历，要进大学读书，也只能依靠一些特殊政策。但电竞并不是奥运会项目，要想跟传统的体育项目一样拿到这样的“照顾名额”，几乎没可能。虽然之前腾讯电竞宣布会跟北京邮电大学、广州体育学院这些设有电竞专业的高校达成合作意向，并提供奖学金，让退役的电竞选手去读书，但对于很多对当教练或战队管理人员没有兴趣的选手来说，这并不是好的选择。很现实地说，过去当职业选手是以追求成绩为主，现在退役了肯定想得更多的是收入。

•严君泽日常宣传照

•严君泽日常宣传照

一个明星选手，刚退役的时候可能还有较高的商业价值，但没有人知道可以维持多长时间。假如你因选择去读书而错过了这个黄金时间，难保会得不偿失。

过去这一年多，严君泽的关键词由“懒”变成了“折腾”。我真的是想方设法去折腾自己。有很多事情，过去我根本没有想过会去做，或者说没有想过自己竟然有能力去做，如形象大使、青年志愿者、潮牌打理人、T 台模特、高校演讲者，这都是严君泽在一年内收获的新标签。严君泽按下了重启键。

严君泽是一个“吃货”

如果你要我给严君泽贴上一个最醒目的标签，那么绝对是“吃货”。不要看我那么瘦，实际上我是一个特别喜欢吃东西的人，有时也会比较挑剔和讲究，甚至不顾一切。我记得在 2017 年的一个晚上，训练完已经凌晨时分，不知为何突然很想吃拌面。于是我就迫不及待地走去之前有吃过的那家店，然而因为实在太晚了，那家店已经关门了。本来这只是再普通不过的东西，但那一刻想吃的欲望真的强烈到压不住，我就打开手机软件找呀找，看看哪里还有开门的。最终我花了 100 块的打车钱找了一家，吃了一份不用 10 块的拌面。现在回想起来，我也觉得自己实在太逗了。

可能很多粉丝也知道，电竞选手因为经常熬夜，作息时间紊乱，饮食极其不规律，早餐基本上跟我们是绝缘的，夜宵反而成了正餐。RNG 团队里没有一个不爱吃的，麻辣香锅就不用说了，连 ID 都是跟吃有关，小龙虾是他的挚爱，他真的可以天天吃。麻辣香锅还有个宏愿，退役之后开个火锅店，但我奉劝大家不要入股——以他那么爱吃火锅的性格，这生意准赔。Uzi 就更不用说了，“兵马未动，粮草先行”，那速度，那分量，真的让人佩服到五体投地。有一次他吃夜宵被鸡骨头卡到了，要去医院，这事当晚就上了热搜。他对于吃执着到有时快要上场比赛了还不能停。

我算是职业选手里比较懂得照顾自己的，虽然没有煮饭方面的天赋，但只要有条件，每一餐都不会随便对付。不过即便这样，经过几年的摧残，肠胃也变得“弱不禁风”。大部分的职业选手都或多或少有这方面的问题。说到这里，职业选手的伤病似乎是一个绕不开的话题。

伤病，电竞选手最危险的“杀手”

跟篮球、足球等传统竞技性运动因为激烈对抗造成的严重受伤不同，电竞选手的伤病更多像网球、乒乓球运动员那样，是由于同一个部位长时间的劳损所致。这些部位包括腰、背、肩、颈、手指、手腕等。

手指、手腕是电竞选手最容易出现伤病的部位，无论是哪个电竞游戏，在训练和比赛过程中都会大量使用手指和手腕。我们的手指需要不停地点击鼠标，一天十多个小时重复操作，保持类似的姿势和动作，很容易就会患上手部腱鞘炎。如果有腱鞘炎的话，手指和手腕有时就会肿胀、疼痛，严重的时候手指不能屈伸，手腕不能随意扭动，这对于电竞选手来说打击就致命了。

我这几年的职业道路，虽然也累积了一些小伤病，但庆幸的是没有恶化到很严重的程度。手方面的损伤我觉得绝大部分的职业选手应该都会有，我自己只要碰到高强度的比赛，手就会出现麻木的状况，没有了知觉。我记得在 2017 年的后半年，这种情况频频出现，但因为在比赛，也只能硬扛。而我最严重的伤应该是脊柱了，它整体的形状已经弯曲变

•队医为 Uzi 按摩

形。腰背颈椎的伤病，对于电竞选手来说，确实是难以避免的。因为我们每天至少有四分之三的时间会在电竞椅上度过。虽然如今的电竞椅在设计时都会考虑到人体结构舒适性，但如此长时间的消耗对于腰背颈来说仍是一个巨大的负荷。好在 RNG 当时有队医彪哥在，不时给我们进行护理和治疗，并为我们制订了很多康复计划，才有效防止了伤病的恶化。他一直敦促我去运动健身，退役之后，我确实有想过把运动健身提上议程，但有时真的太懒了，思想上是想做的，但行动力还是欠缺的。

据我所知，RNG 应该是中国第一家配备队医的电竞俱乐部。彪哥叫李彪，力气很大，如果跟他打架，我觉得一般人十个都打不过他一个。彪哥过去是在宜昌开诊所的，后来有一次 Uzi 的手伤特别严重，浮肿得像一个馒头，即便去大医院治疗也没见好转。机缘巧合之下，找到了彪哥，彪哥发现 Uzi 并不仅仅是手伤，根本原因是长时间错误的游戏姿势导致整个肩胛骨及胸廓位置不对称，在他的治疗下，Uzi 的伤情终于得到了缓解。过了一段时间，彪哥就被聘请为俱乐部的队医了。2018 年我们能获得那么多冠军，彪哥是幕后功臣之一。

说到伤病，我觉得 Uzi 真的是被伤病折磨得很厉害。他的退役声明里也说了，2 型糖尿病困扰了他很长时间，需要靠吃药去维持血糖，这肯定会影响他的训练和比赛。以他那么刻苦甚至于痴迷的性格，没有办法再维持高强度的训练，绝对是他无法接受的。

我是有一次去他家做客时，才知道他有糖尿病。那时我觉得挺不可思议，这不应该是中年人才会得的病吗？他那么年轻就有糖尿病，表明身体已经发出危险信号了。而且 Uzi 伤得最严重的是他背后的一块肌肉，发作时会引起手臂的极度不适。我记得 2018 年在外面比赛时，基本上每场比赛的间歇，彪哥都要给 Uzi 按摩，不然他疼得可能坚持不下来。二十来岁的人，拥有的却是一条四十多岁的手臂，退役未必不是一个好的选择，希望大家能继续支持他。

我觉得，电竞选手得心理疾病的概率也是挺高的。因为电竞选手往往是年少成名，心智并不是处于一个很成熟的阶段，承受挫折的能力也不强，偏偏又要常常处于网络舆论的中心。如果处理不好，很容易会烙下心理疾病。所以现在越来越多的俱乐部都会聘请心理辅导师，帮助选手及时调整自己的心理状态，以便继续迎接挑战。

严君泽是一个不靠谱的主播

我现在也算是一个专职主播，只要没有什么特别的事，每天下午 2 点到晚上 8 点我都会开播，聊的话题当然还是以《英雄联盟》为主。刚当主播的时候其实挺不适应的，虽然都是打游戏，而且很多时候也还是打《英雄联盟》，但当你不知道你的目的是什么，也不知道应该达成怎样的目标时，你的所有举动只能随心所欲，说话内容也经常让人听得云里雾里，特别尴尬。

一般主播出现的地方，大多是近几年异常受欢迎的网络直播平台。直播平台的繁荣确实为电竞带来了更多的资金和可能性。一场高水平的电竞比赛，观看人数可以超过 1 亿。大的直播平台，每天开播的主播有几万，高峰时在线人数超过几百万。数据代表关注度，关注度代表流量，流量代表钱，这是直播平台的生意逻辑。

主播是网络直播平台兴起之后形成的一个新职业，其中游戏主播更是站在这个金字塔的顶端。当主播是很多电竞职业选手退役后的首选，毕竟游戏水平摆在那里，具有非常好的先天优势，而且这样的游戏强度，跟打职业比赛比起来，真的是小菜一碟，加上当主播的收入跟职业选手相比并没有太大的落差，做得好的甚至比当职业选手时还要多，所以现在很多退

•直播中的严君泽

役，甚至现役的选手都扎堆进入主播行业。不过经过了一年多的尝试，老实说，当主播也没有你们想象中的那么容易，不是耍耍嘴皮子就能蒙混过关的。除了游戏水平之外，你还必须要有能够调动观众气氛的能力，直白点说就是你一定要有干货，一定要有“梗”，只有这样才能增加观众的黏度和弹幕的热度。你一周不直播，就会被遗忘；你输出不了更好的内容，马上就会有人代替你。如果你没有这样的危机意识，不努力去做更多的准备，去调整自己的主播策略，可能一开始你还能依靠当职业选手时累积的人气支撑一段时间，但始终会泯灭于众人。

你们不要看现在顶流的主播好像赚钱很容易，但他们每天都背负着巨大的压力，害怕自己突然就不受欢迎，害怕自己抖的包袱没有人接。所以他们不直播的时间，都在忙于策划、拍摄、编辑视频，准备更多容易引起观众兴趣的话题。

我开始当主播的时候，一直转换不过来思路，放不开输赢的包袱。打比赛像跟之前打职业一样，打得很稳，用的也是自己平时擅长的英雄。但其实观众根本不想看这些，他们就是想看你 carry 比赛，看你秀多些操作，听你多分享一些心得和故事，胜负反而不重要。现在我放开得多了，跟粉丝的互动也频密了，勉强算合格了。不过我在准备上始终做得不够充分，估计还是跟自己的性格有关，没有一个目标摆在那里，就会有点懒，所以我经常觉得自己不是一个靠谱的主播。

我不知道还会干多长时间的主播，也不知道主播这个行当还会辉煌多久。能给我指引前路的人不多，毕竟电竞是新兴的事物，历史太短也没什么成功的案例。我还是很羡慕一些有目标、有冲劲的前辈，他们每天都在努力，让自己变得更好，让自己做的事情变得更有意义。

职业选手转型成主播的成功者有很多，若风、微笑、草莓，数不胜数，但我觉得最成功的绝对要数韦神（韦朕）。当年这位天才被“网络暴力”，本来以为会就此沉沦，怎知过了没多长时间，他就将精力转移到另一款电竞游戏上，并且创办了新的战队，随后不服输的他同样带领这支战队在国际赛场上获得无数的荣耀。他在电竞上的天赋和对电竞的执着绝对令人钦佩。

另外一位真的也是很多电竞人的偶像。李晓峰（SKY），被称为魔兽“人皇”，是卫冕 WCG《魔兽争霸》项目的世界第一人，他是中国电竞的先驱和标杆。虽然说现在年轻一点的电竞爱好者可能已不知道他是谁，但其实他一直在以另外一种方式影响着一代又一代的电竞人。他在退役以后选择去创业，创立了电竞设备公司。我们现在使用的一些电竞设备，有不少出自李晓峰的公司。即便曾荣耀加身，却一直坚持在路上，这样的“人皇”一直是我的偶像。

• “富贵” 日常照

严君泽也是一个“铲屎官”

留意我直播的人经常也会看到我的“富贵”在镜头前飘过，或许有些粉丝不是来看我直播的，而是来看它的。在这里我拜托大家不要再吹捧它了，它真的会嘚瑟。你看它越来越胖了，都快走不动了。

“富贵”这名字是我女朋友起的，觉得听起来长命一些。以前我也有养过另外一只，那时真的是见钱眼开，给它起了个名字叫“人民币”，但怎知没过多久便意外摔死了，为此我伤心了好长一段时间。所以这次起这名字就希望它平平安安，估计当中也有对我自己的感情投射和寄语吧，一个人独自在外闯荡，平安健康就是福。既然名字不是我起的，那么你们经常看到的粉色猫咪耳机、粉色的小猪抱枕，我也不会承认是我的。

扫一扫，看采访

•“富贵”日常照

“富贵”学到的净是我的缺点，比如说不爱运动。不知为什么，它看上去胖嘟嘟，挺可爱的，却不是那么容易驯服，有时还会咬人，之前小明就抱怨来我家时受到“富贵”的攻击和“虐待”。它还有个奇怪的爱好，就是喜欢跟着我一起上厕所。

这只小橘猫我已经养了几年，在上海的这段日子里，要么是我照顾它，要么是它陪着我，日子就是这么简单地过。

严君泽原来还挺“潮”的

“富贵”本来是一只猫，怎知大摇大摆走着走着，“变”成了一个潮牌服饰名，我还挂了一个设计师的头衔。

过去我感觉自己跟潮流肯定是沾不上边的，电竞选手的潮流装扮是什么？T恤、短裤、拖鞋，标志鲜明。其实这次R39的主理人找到我，一开始我的感觉和当年那位“师兄”找我时是一样的：是不是在骗我？深入交流后，我发现自己还是对这方面挺有兴趣的，也想多跟潮流圈的人交朋友，改变一下自己的形象，变得更潮流一些。也想通过这次机会参与一些自己没有参与过的事情，看自己有没有这方面的能力与天赋。

其实潮流跟电竞跨界合作也不是什么新鲜事，很多知名的运动品牌好几年前就已经开始布局，如今连奢侈品牌也开始向电竞靠近。R39是一个刚成立不久，主打电竞和潮流文化的品牌，我觉得它的定位跟目标与我挺契合的。这次合作我们聊了很长时间，应该有好几个月，因为对这个领域不熟悉，所以我需要非常谨慎和细心地去学习，去研究。

•R39 富贵系列宣传照

用猫做设计主题是我建议的。第一次碰面时他们问我有什么想法，我当然提不出什么可行性建议，不过就是想做一些有意思的事情，想有一些有趣的元素，所以就提了这个建议。而且“富贵”这个名字，R39 的设计师团队也觉得挺符合他们的“中国风”概念，所以主题很快就定了下来。在我看来，猫算是比较自由的宠物，它想干吗你管不着，也叫不住。所以我想传达的就是这种感觉，穿上这个系列衣服的人都是自由的，而且可以不受拘束地享受当下的生活。

•R39 富贵系列宣传照

•R39 富贵系列宣传照

接下来的几个月，就是一个漫长的学习过程。我觉得既然参与了一件事情，就应该用心去做，不想就那样挂个名而已。衣服的面料、材质、颜色选择等很多事情我之前根本没有接触过，都需要自己慢慢去摸索、研究。比如之前他们拿出色卡让我选择的时候，我感觉这些色彩都没什么区别，这真的太难了。

一开始他们给我看了很多不同的设计方案，后来也修改过无数遍，但我始终觉得没有符合我心中对这个主题的想象。如果只是单纯放一只猫就过于简单了，我希望设计能醒目一些，让人一下子就能记得住。我发现自己好像变成了一个让人讨厌的甲方。他们被迫改了又改，才有了现在这个“富贵”联名系列。

•R39 富贵系列宣传照

当我看到成品的那一刻，还是挺有成就感的，它融入了我的一些想法和生活态度。汉字 Logo 中融入变形后的“猫耳朵”和“猫尾巴”，更加有猫的灵气和轻盈感。卫衣的同色系拼接渐变其实也是我的想法，目的是元素多一点，多一些变化。

当然，目前这个系列还是以短袖、卫衣为主，其他系列还要慢慢考虑，毕竟这个事情才刚开始，需要一步一步、踏踏实实地走。市场有了更多的反馈后，我们也陆续推出了一些冬季的系列，也弄了一个小型的上市发布会。

•R39 富贵系列宣传照

•R39 富贵系列宣传照

不过我觉得前面这一切都不算什么，最难的是我要穿起衣服拍宣传照的时候。我这辈子还没那么认真干过这事，耍酷这技能还真没解锁。老实说，即便现在的我回看这些照片，全身的毛孔也还是会竖起，觉得很尴尬。我从没想过自己竟然有这样的一面。

虽然感觉别扭，但我还是很愿意去做这件事。我始终觉得，电竞发展到现在，它的文化应该更多元。它不仅仅有不好的部分，也不仅仅局限在体育领域。它既包含了年轻人的自信，又沉淀着上一代电竞人的期盼。作为过来人，或者说还在路上的人，我应该努力去推广，让更多人了解和喜爱电竞。

•严君泽参加公益活动

形象大使就是严君泽
要继续为电竞做点什么

大家也知道，退役之后我多了一个身份——RNG俱乐部的形象大使。过去一年多的时间，我出席了很多之前想都没有想过的场合：时尚T台走秀，我是以没有表情的面瘫紧张状态走完的全程；“中国大熊猫国际形象青年文化推广计划志愿者”，出席如此隆重的会议，我知道自己的肩上多了一份责任；与法国球星博格巴的交流互动，我希望电竞能够与主流的竞技体育来一次平等的对话。很多人说这些活动都是我跟俱乐部利益的捆

• 2019 年洲际赛解说

绑，我不否认，因为这不是重点。真正的核心还是在“形象大使”这个概念的本身，我希望让圈外人甚至是圈内人看到的电竞是一个怎样的形象。戴起了这顶帽子，我在外代表的就是 RNG 的理念与形象。但与此同时，我还是积极地在为电竞做着一些事情，传递的还是电竞的核心价值。

这个说法听上去好像有点虚，但只要你一直在做，一直在尝试，你就会慢慢懂得它的意义所在。文化需要碰撞，电竞需要努力证明，这个过程是漫长的，不能一蹴而就。我们要主动去拥抱不同的文化，让大家能静下心来讨论电竞未来的出路，让更多人知道电竞的正能量。如今，电竞发展的规模与威力已经无法阻挡，但在上层价值观的输出方面，还是需要有更多的人去做、去努力，我希望自己能贡献一点点绵薄之力。

参与了那么多的活动，我觉得最有压力的就是去南京大学、同济大学、清华大学这些著名高校巡回演讲。台下坐的都是学习比你强、知识比你丰富的学霸。而你能跟他们分享什么？他们会愿意听你说的东西吗？我能做的，就是将自己的经历和故事，真实地与他们分享，将自己这几年对电竞的感悟总结出来，告诉他们一个电竞冠军到底要经历怎样的磨砺。

我非常珍惜这样的对话机会，毕竟在我过去的人生经历里，非常难有这样的机会，可以跟那么多圈外人进行如此深入的讨论。我希望能跟他们说明，电竞绝非洪水猛兽，关键在于你怎么对待游戏。

但即便我们如此有诚意，网络上还是有类似我们不配在这里演讲的声音。很多人固执地认为打游戏或者当职业选手就是不务正业。他们根本就没有看到电竞行业的发展形势，那些一直在努力的职业选手们一样值得我们去尊敬。由此可见，在未来，提高电竞人的素质是至关重要的，严君泽要为电竞做的事，能为电竞做的事，还有很多。

VI

Letme

06

06

我最后想说的真心话

我刚刚送走了我的青春，光阴太短，还来不及后悔。

《英雄联盟》陪伴了我八年，它本来是我的娱乐，后来成为我的工作，现在又变成我的爱好。这款游戏，我已经注入了太多的感情，我和他和她和它，都有太多难以割舍的故事。

•严君泽日常宣传照

电竞是我的初心，不愿抛弃，也不舍抛弃。

电竞是世界上最残酷的运动之一，淘汰率超过 95%。而更残酷的是你忙乎了那么久，竟然还有人认为你不配。

如果你真的喜欢电竞，我欢迎你参与进来。现在电竞行业有很多不同的工作岗位，并不单纯以成为职业选手为终极目标。当然前提是，你不要后悔。

作为一名职业选手，最终能将你击败的，不是天赋的上限，不是强大的对手，不是脆弱的自己，不是严重的伤病，而是刻薄的网友。

年轻人不要随便放弃梦想，只要你足够努力。可能你并不是一个天才，但可以朝着凡人的极限狂奔。

•严君泽日常宣传照

不要听别人吹嘘，我的职业生涯并不励志，只是刚好每一步都踏在前进的道路上。

我并不是你们眼中“最强的国产上单”，如果你们一定要这么说，麻烦加上“最帅”两字。

请不要再给我起绰号了，还是乖乖地叫我严君泽吧。

未来，我其实还是希望大家能记得我的名字